Rechnungslegung
nach IAS, US-GAAP und HGB
im Vergleich

SCHÄFFER
POESCHEL

Karl Born

Rechnungslegung nach IAS, US-GAAP und HGB im Vergleich

1999
Schäffer-Poeschel Verlag Stuttgart

Die Deutsche Bibliothek – CIP-Einheitsaufnahme

Born, Karl:
Rechnungslegung nach IAS, US-GAAP und HGB im Vergleich /
Karl Born. – Stuttgart : Schäffer-Poeschel, 1999
ISBN 3–7910–1433–1

Gedruckt auf chlorfrei gebleichtem, säurefreiem und alterungsbeständigem Papier

ISBN 3–7910–1433–1

Einbandgestaltung: Willy Löffelhardt
Satz: Johanna Boy, Brennberg
Druck: Franz Spiegel Buch GmbH, Ulm
Printed in Germany

Schäffer-Poeschel Verlag Stuttgart

Ein Unternehmen der Verlagsgruppe Handelsblatt

Vorwort

Die Rechnungslegung nach dem HGB wird stark durch

- das oft mißbrauchte Vorsichtsprinzip,
- die geringe Beachtung des Stetigkeitsgebotes,
- steuerliche Vorschriften und
- die Ausnutzung bilanzpolitischer Gestaltungsmöglichkeiten aufgrund von Wahlrechten, großen Ermessensspielräumen und fehlenden Regelungen

geprägt, während es für die Rechnungslegung nach International Accounting Standards (IAS) und US-amerikanischen Generally Accepted Accounting Principles (US-GAAP) detaillierte Regelungen gibt, bei denen betriebswirtschaftliche Erfordernisse dominieren. Hinzu kommt, daß der Anhang des Jahresabschlusses einer deutschen Kapitalgesellschaft nur Angaben enthalten muß, die der Ergänzung und Richtigstellung der Bilanz und Gewinn- und Verlustrechnung dienen, und die nur eine geringe Aussagefähigkeit haben. Die Angabepflichten nach IAS und US-GAAP dagegen ergänzen und erläutern den Jahresabschluß und enthalten zusätzliche Informationen.

Der schlechte Ruf der deutschen Jahresabschlüsse im Ausland und die betriebswirtschaftlich nicht verständliche Bilanzierung nach dem HGB hatten zur Folge, daß aufgrund des am 13. Februar 1998 vom Deutschen Bundestag verabschiedeten Kapitalaufnahmeerleichterungsgesetzes (KapAEG), dem der Bundesrat am 27. März 1988 zugestimmt hat, börsennotierte deutsche Unternehmen ihren Konzernabschluß nach IAS oder US-GAAP anstatt nach dem HGB erstellen können, wobei diese Konzernabschlüsse mit der 4. und 7. EG-Richtlinie im Einklang stehen müssen.

Im Jahre 1997 wurde bereits durch die Deutsche Börse AG festgelegt, daß am Neuen Markt der Frankfurter Börse notierte Unternehmen Jahresabschlüsse nach IAS oder US-GAAP veröffentlichen müssen. Ihnen wird jedoch eine zweijährige Übergangszeit gewährt.

Auch mittelständische Unternehmen, die keinen Gang an die Börse planen, beabsichtigen, ihre Rechnungslegung auf IAS oder US-GAAP umzustellen, um sich besser präsentieren zu können.

Immer mehr deutsche Unternehmen, die bereits nach IAS oder US-GAAP bilanzieren, stellen auch ihr internes Rechnungswesen auf IAS oder US-GAAP um, da es betriebswirtschaftlich sinnvoller ist und sie dadurch eine aufwendige unterschiedliche interne und externe Rechnungslegung vermeiden können.

Die komplette Umstellung aller Konzerngesellschaften auf IAS oder US-GAAP macht auch die Erstellung von sogenannten Handelsbilanzen II (Anpassungen an konzerneinheitliche Bilanzierungsregeln) überflüssig.

Jeder, der sich in Deutschland mit Rechnungswesen beschäftigt, sei es in der Ausbildung oder in der Praxis, wird deshalb nicht umhin können, sich mit IAS und US-GAAP auseinanderzusetzen. Dieses Buch soll eine erste Hilfe dabei sein.

Leverkusen, im August 1998

Inhaltsverzeichnis

I. Einleitung

Man versteht die Rechnungslegung nach IAS und US-GAAP wesentlich leichter und schneller, wenn man sich zunächst mit der ihnen zugrundeliegenden Philosophie beschäftigt, bevor man damit beginnt, das Bekannte, nämlich die Bilanzierung der einzelnen Posten der Bilanz nach dem HGB, mit dem Unbekannten, nämlich die Bilanzierung der einzelnen Posten der Bilanz nach IAS und US-GAAP, zu vergleichen. Der Grund für eine solche Vorgehensweise liegt einfach darin, daß die Rechnungslegungsphilosophie, d.h. die Ziele und Grundsätze der Rechnungslegung nach IAS und US-GAAP, eine völlig andere ist als die nach dem HGB. Das Denken der deutschen Rechnungslegungsfachleute ist stark durch steuerliche Vorschriften und das mögliche Ausnutzen von Gestaltungsspielräumen geprägt, während IAS und US-GAAP von einer strikten Trennung von Handels- und Steuerbilanz ausgehen und kaum Gestaltungsspielräume bieten.

Für Personen mit allgemeinen wirtschaftlichen Erfahrungen und Wissen, die jedoch keine oder nur geringe Kenntnisse der Rechnungslegung nach dem HGB haben, d.h. nicht durch die Kenntnis logisch kaum erklärbarer Vorschriften vorbelastet sind, ist es sogar noch einfacher, die im Grundsatz betriebswirtschaftliche Rechnungslegung nach IAS und US-GAAP zu verstehen.

Die logisch kaum erklärbare und nicht betriebswirtschaftlichen Erfordernissen entsprechende Rechnungslegung nach dem HGB ist auch der Grund, warum im Ausland die Rechnungslegung deutscher Unternehmen in der Vergangenheit auf totales Unverständnis stieß und seit einer Reihe von Jahren, d.h. bereits vor der Verabschiedung des Kapitalaufnahmeerleichterungsgesetzes, viele international tätige deutsche Unternehmen neben einer Rechnungslegung nach dem HGB auch eine Rechnungslegung nach IAS oder US-GAAP praktizieren.

II. Rechnungslegung nach IAS

1. Das International Accounting Standards Committee (IASC)

Das International Accounting Standards Committee (IASC) ist eine unabhängige privatrechtliche Organisation, die sich zum Ziel gesetzt hat, Einheitlichkeit in den Rechnungslegungsgrundsätzen, die von Unternehmen und anderen Organisationen in der ganzen Welt bei Jahresabschlüssen benutzt werden, zu erreichen. Das IASC wurde 1973 durch eine Vereinbarung von sich mit der Rechnungslegung befassenden Berufsverbänden aus Australien, Deutschland, Großbritannien und Irland, Japan, Kanada, Mexiko, den Niederlanden und den USA gegründet.

Anfang 1998 gehörten dem IASC 122 Mitglieder – darunter aus Deutschland das Institut der Wirtschaftsprüfer (IDW) und die Wirtschaftsprüferkammer (WPK) –, 4 assoziierte Mitglieder und 2 »affiliate« Mitglieder aus 91 Ländern an. Im ersten Halbjahr 1998 wurden Organisationen aus weiteren 10 Ländern, insbesondere aus Mittelamerika, Mitglied des IASC, so daß inzwischen 101 Länder im IASC vertreten sind.

Die in der Satzung festgelegten Ziele des IASC sind:

- die Formulierung und Veröffentlichung von Rechnungslegungsgrundsätzen im Interesse der Öffentlichkeit, die bei der Aufstellung und Darstellung der Abschlüsse anzuwenden sind, und die Förderung deren weltweiter Akzeptanz und Einhaltung sowie
- allgemein das Bemühen um die Verbesserung und Harmonisierung der Vorschriften, Rechnungslegungsgrundsätze und Verfahren in Verbindung mit der Aufstellung und Darstellung von Abschlüssen.

Die Geschäfte des IASC werden von einem Board geführt. Gemäß Satzung kann der Board bis zu 17 Mitglieder (Board Members) umfassen, und zwar

- aus bis zu 13 Ländern (oder Ländergruppen) – vom Council der International Federation of Accountants (IFAC) nominiert und ernannt –, die von Mitgliedern des IASC vertreten werden,
- aus bis zu 4 an Rechnungslegungfragen interessierten Organisationen; sie können vom Board durch Kooption in den Board gewählt werden.

Die Board-Vertreter (Board Representatives) der einzelnen Mitgliedsländer können bis zu fünf Jahre in den Board entsandt werden. Eine erneute Berufung ist möglich. Die Board-Vertreter erhalten vom IASC keine Vergütung für ihre Tätigkeit.

Jedes Board-Mitglied (Board Member) kann bis zu zwei Vertreter (Board Representatives) zu den Board-Sitzungen entsenden, wobei sie von einem Fachberater (Technical Adviser) begleitet werden können.

Im Mai 1997 hat der Council der International Federation of Accountants (IFAC) für den zweieinhalbjährigen Berufungszeitraum ab dem 1. Januar 1998 die gleichen Mitglieder in den Board wiedergewählt, die im vorhergehenden Berufungszeitraum Mitglieder des Board waren, nämlich

- Australien
- Deutschland
- Frankreich
- Großbritannien
- Indien
- Japan
- Kanada
- Malaysia
- Mexiko
- die Niederlande
- die Nordic Federation of Public Accountants (Dänemark, Norwegen, Schweden)
- Südafrika
- die USA

wobei in der indischen Delegation ein Vertreter von Sri Lanka und in der südafrikanischen Delegation ein Vertreter von Simbabwe sitzt. Der IFAC-Council hielt die Kontinuität in der Board-Mitgliedschaft wegen des großen Zeitdrucks bei der Erstellung der Core-Standards der IOSCO (siehe nächster Abschnitt) für wichtig. Im Oktober/November 1997 kooptierte der Board wieder für zweieinhalb Jahre, beginnend mit dem 1. Januar 1998,

- das International Co-ordinating Committee of Financial Analysts' Associations (ICCFAA)
- die International Association of Financial Executives Institutes (IAFEI) und
- die Federation of Swiss Industrial Holding Companies

als stimmberechtigte Mitglieder in den Board.

Als Beobachter nehmen weiter ein Vertreter

- der EU-Kommission (seit 1991)
- des Financial Accounting Standards Board (FASB) der USA (seit 1991)
- der International Organization of Securities Commissions (IOSCO) (seit Januar 1996) und
- des Chinese Institute of Certified Public Accountants (seit Juli 1997)

teil.

Deutschland ist im Board durch

- Bernd-Joachim Menn (seit 1993), Bayer AG, Leverkusen
- Jochen Pape (seit 1998, Nachfolger von Heinz Kleekämper, Schitag Ernst & Young, 1991-1997), Price Waterhouse, Düsseldorf
- Peter Marks (Fachberater), IDW, Düsseldorf
- Albrecht Ruppel (Fachberater), IDW, Düsseldorf

vertreten.

Der Vorsitzende des Board ist seit dem 1. Januar 1998 Stig Enevoldsen (Dänemark).

Jedes Board-Mitglied hat eine Stimme.

Der Board wird durch ein Sekretariat mit einer kleinen Anzahl Mitarbeiter unterstützt, das in London seinen Sitz hat. Das Sekretariat wird durch einen hauptberuflichen Generalsekretär – seit Mai 1995 Sir Bryan Carsberg (Großbritannien) – geleitet.

2. Entstehung und Zusammensetzung der IAS

Die bis 1988 von dem IASC entwickelten Standards enthielten zahlreiche Wahlrechte.

1987 hat das IASC mit der internationalen Organisation der Börsenaufsichtsbehörden, der International Organization of Securities Commissions (IOSCO), deren bedeutendstes Mitglied die amerikanische Börsenaufsichtsbehörde SEC ist, eine Vereinbarung mit der Verpflichtung abgeschlossen, die in den Empfehlungen des IASC enthaltenen Wahlrechte einzuschränken und die Publizitätsanforderungen zu erhöhen. Die IOSCO hat in Aussicht gestellt, ihren Mitgliedern zu empfehlen, die weiterentwickelten IAS als Zulassungsstandards an internationalen Börsenplätzen anzuerkennen.

Im Oktober 1993 stellte die Working Party I on Multinational Disclosure and Accounting des Technical Committee der IOSCO auf dem 18. Jahreskongreß der IOSCO in Mexiko City eine Liste von Rechnungslegungsfragen zusammen, die mindestens in den International Accounting Standards abgedeckt sein müssen, bevor sie ihren Mitgliedern empfehlen will, nur solchen Unternehmen den Zugang zu ausländischen Börsen zu gewähren, deren Jahresabschlüsse nach den Standards des IASC aufgestellt wurden. Es handelt sich um die sogenannte Core-List.

Bis auf zwei Standards wurden im Juli 1998 die letzten Standards der IOSCO Core-List durch den Board des IASC verabschiedet. Es fehlen noch der überarbeitete IAS 22 Business Combinations und der Standard Financial Instruments: Recognition and Measurement. IAS 22 Business Combinations soll in der auf die Board-Sitzung im Juli 1998 folgenden Woche im Umlaufverfahren verabschiedet werden. Ein Exposure Draft liegt für den Standard Financial Instruments: Recognition and Measurement vor. Er soll Ende 1998 als Standard verabschiedet werden. Dieser Standard betrifft nur Unternehmen, deren Wertpapiere öffentlich gehandelt werden. Er soll für Berichtsperioden gelten, die am oder nach dem 1. Januar 2001 beginnen.

Bis zum Juli 1998 hat das IASC folgende International Accounting Standards herausgegeben:

IAS 1 Presentation of Financial Statements
IAS 2 Inventories
IAS 3 (aufgehoben und ersetzt durch IAS 27 und 28)
IAS 4 Depreciation Accounting
IAS 5 (aufgehoben und ersetzt durch den 1997 überarbeiteten IAS 1)
IAS 6 (aufgehoben und ersetzt durch IAS 15)
IAS 7 Cash Flow Statements
IAS 8 Net Profit or Loss for the Period, Fundamental Errors and Changes in Accounting Policies
IAS 9 Research and Development Costs
IAS 10 Contingencies and Events Occurring After the Balance Sheet Date
IAS 11 Construction Contracts

IAS 12 Income Taxes
IAS 13 (aufgehoben und ersetzt durch den 1997 überarbeiteten IAS 1)
IAS 14 Reporting Financial Information by Segment/Segment Reporting
IAS 15 Information Reflecting the Effects of Changing Prices
IAS 16 Property, Plant and Equipment
IAS 17 Accounting for Leases/Leases
IAS 18 Revenue
IAS 19 Retirement Benefit Costs/Employee Benefits
IAS 20 Accounting for Government Grants and Disclosure of Government Assistance
IAS 21 The Effects of Changes in Foreign Exchange Rates
IAS 22 Business Combinations
IAS 23 Borrowing Costs
IAS 24 Related Party Disclosures
IAS 25 Accounting for Investments
IAS 26 Accounting and Reporting by Retirement Benefit Plans
IAS 27 Consolidated Financial Statements and Accounting for Investments in Subsidiaries
IAS 28 Accounting for Investments in Associates
IAS 29 Financial Reporting in Hyperinflationary Economies
IAS 30 Disclosures in the Financial Statements of Banks and Similar Financial Institutions
IAS 31 Financial Reporting of Interests in Joint Ventures
IAS 32 Financial Instruments: Disclosure and Presentation
IAS 33 Earnings per Share
IAS 34 Interim Financial Reporting
IAS 35 Discontinuing Operations
IAS 36 Impairment of Assets
IAS 37 Provisions, Contingent Liabilities and Contingent Assets
IAS 38 Intangible Assets

Einige IAS wurden in den letzten Jahren überarbeitet und zum Teil umbenannt. Für die zwischen Juli 1997 und Januar 1998 umbenannten IAS 14, 17 und 19 wurden beide Titel genannt.

Außerdem hat das IASC ein Preface to Statements of International Accounting Standards, 1989 das Framework for the Preparation and Presentation of Financial Statements, d.h. ein Rahmenkonzept bzw. Grundsätze und 1998 Leitlinien für die Erstellung von International Accounting Standards, und den Exposure Draft 62 Financial Instruments: Recognition and Measurement herausgegeben.

Das förmliche Verfahren der Verabschiedung eines IAS (due process) dauert mehrere Jahre, da in den verschiedenen Stufen des Entstehungsprozesses die Öffentlichkeit mit einbezogen wird. Für die Entwicklung und die Überarbeitung der einzelnen IAS setzt der Board eine Arbeitsgruppe (Steering Committee) ein.

Die Verabschiedung eines IAS erfolgt mit Zustimmung von mindestens drei Viertel der Board-Mitglieder.

Die einzelnen Standards haben folgenden einheitlichen Aufbau:

- Zielsetzung (objective)
- Anwendungsbereich (scope)
- Definitionen (definitions)
- Text
  - fett gedruckt = verbindliche Vorschriften
  - normal gedruckt = Erläuterungen und Anwendungsleitlinien
- Angabepflichten (disclosure)
- Übergangsvorschriften (transitional provisions)
- Zeitpunkt des Inkrafttretens (effective date)

Seit 1997 werden vom Standing Interpretations Committee (SIC) des IASC Interpretations, das sind Stellungnahmen zu Problemen, die in Ermangelung einer Verlautbarung wahrscheinlich zu einer unterschiedlichen oder nicht akzeptablen Behandlung führen können, herausgegeben. Eine Interpretation ist vom SIC angenommen, wenn nicht mehr als drei anwesende Mitglieder – das SIC hat zwölf stimmberechtigte Mitglieder – dagegen gestimmt haben. Die Interpretations bedürfen der anschließenden Genehmigung durch den Board.

Bis Juli 1998 wurden 10 Interpretations und 5 Entwürfe von Interpretations verabschiedet.

Jahresabschlüsse dürfen gemäß IAS 1 Presentation of Financial Statements (überarbeitet Juli 1997) nur dann den Vermerk tragen, daß sie gemäß den International Accounting Standards erstellt wurden, wenn sämtliche IAS und Interpretations des IASC berücksichtigt wurden.

In den wenigen Fällen, bei denen die International Accounting Standards zwei unterschiedliche Bilanzierungsmethoden für identische Geschäftsvorfälle oder Ereignisse erlauben, wird die eine Methode als Benchmark-Methode und die andere als alternativ zulässige Methode bezeichnet.

3. Veröffentlichungen des IASC

Das IASC veröffentlicht als Buch zu Beginn jeden Jahres die bis dahin verabschiedeten gültigen International Accounting Standards einschließlich des Framework for the Preparation and Presentation of Financial Statements und das Preface to Statements of International Accounting Standards sowie die Exposure Drafts und die Interpretations (Preis £ 41).

Für ein Jahresabonnement zu einem Preis von £ 128 erhält man »The Information Package«, in dem die Publikationen IASC Insight (informiert 4x jährlich über die Tätigkeit des IASC), IASC Update (informiert 3-4x jährlich über die Ergebnisse der Board-Sitzungen) und IASC's Annual Review enthalten sind.

Für ein Jahresabonnement zu einem Preis von £ 268 erhält man »The Comprehensive Package«, das sämtliche obengenannten Veröffentlichungen zuzüglich der neuen International Accounting Standards, Exposure Drafts und Draft Statements of Principles sowie News From The SIC, SIC Draft Interpretations und Final Interpretations enthält.

Die SIC Interpretations (News From The SIC, SIC Draft Interpretations und Final Interpretations) sind auch getrennt in einem Jahresabonnement zu einem Preis von £ 30 erhältlich. Auch die neu erschienenen International Accounting Standards, Exposure Drafts, Draft Statements of Principles und andere Diskussionspapiere können einzeln bezogen werden.

Die Veröffentlichungen sind erhältlich beim Sekretariat des IASC, 166 Fleet Street, London EC4A 2D4, United Kingdom, Telefon +44 (171) 353-0565, Telefax +44 (171) 353-0562, E-mail: iasc@iasc.org.uk, Internet: http://www.iasc.org.uk.

Das IASC hat im März 1998 eine offizielle autorisierte Übersetzung der IAS veröffentlicht (International Accounting Standards Committee (Hrsg.): International Accounting Standards 1997 – Deutsche Fassung. Stuttgart 1998). Das Buch enthält alle bis Anfang 1997 verabschiedeten IAS. Es ist beabsichtigt, jährlich eine aktualisierte deutsche Ausgabe zu veröffentlichen.

4. Die Ziele der Rechnungslegung nach IAS

Die Ziele eines nach den IAS erstellten Jahresabschlusses bestehen in der Vermittlung von Informationen über die finanzielle Situation (financial position), die Veränderung der finanziellen Situation (changes in financial position) und die erbrachte Leistung (performance) eines Unternehmens, die für wirtschaftliche Entscheidungen (economic decision) nützlich sind.

Jahresabschlüsse dienen auch der Rechenschaftslegung des Managements.

Jahresabschlüsse sollen es deshalb ermöglichen, über das Halten oder Verkaufen von Anteilen an dem Unternehmen und die Wiederbestellung oder Abberufung des Managements entscheiden zu können.

Der Jahresabschluß soll es seinen Lesern ermöglichen abzuschätzen, wann und mit welcher Wahrscheinlichkeit ein Unternehmen in der Lage ist, flüssige Mittel (cash and cash equivalents) zu erwirtschaften.

III. Rechnungslegung nach US-GAAP

1. Die Securities and Exchange Commission (SEC) und die Ursache für die Entstehung von US-GAAP

Der Börsenkrach von 1929 veranlaßte den amerikanischen Kongreß, den Securities Act von 1933, der sich auf Neuemissionen von Wertpapieren bezieht, und den Securities Exchange Act von 1934, der sich mit dem Handel von Wertpapieren nach deren Emission befaßt, zu erlassen. Zur Überwachung der Einhaltung der im Securities Act und im Securities Exchange Act enthaltenen Bestimmungen wurde im Jahre 1934 die unabhängige Bundesbehörde Securities and Exchange Commission (SEC) vom Kongreß gegründet. Die SEC ist ermächtigt, Ausführungsbestimmungen zu dem Securities Act und dem Securities Exchange Act zu erlassen. Sie kann somit bestimmen, welche zusätzlichen Grundsätze und Richtlinien für die Aufstellung und den Inhalt der von den Unternehmen einzureichenden Berichte zu beachten sind. Von dieser Ermächtigung hat die SEC bisher nur bei der formellen gliederungs- und ausweistechnischen Ausgestaltung der bei ihr einzureichenden Abschlüsse Gebrauch gemacht.

2. Entstehung der US-GAAP

Die Formulierung von materiellen Rechnungslegungsgrundsätzen, d.h. von Generally Accepted Accounting Principles (GAAP), hat die SEC 1938 an die Berufsorganisation der Wirtschaftsprüfer, das American Institute of Certified Public Accountants (AICPA), delegiert. Von 1939 bis 1958 nahm diese Aufgabe das Committee on Accounting Procedure (CAP) des AICPA, das 51 Accounting Research Bulletins (ARB) herausgab, und danach bis 1973 der Accounting Principles Board (APB) des AICPA, der 31 APB Opinions herausgab, wahr. Wegen der fehlenden Erstellung von allgemeinen Grundsätzen der Rechnungslegung, der Abhängigkeit von den acht großen Wirtschaftsprüfungsgesellschaften und der zu starken Betonung der Interessen der Wirtschaftsprüfer und ihrer Klienten statt der Interessen der Öffentlichkeit geriet das APB unter zunehmende Kritik. Als Nachfolger des APB wurde der Financial Accounting Standards Board (FASB) gegründet, der 1973 seine Arbeit aufnahm. Er sollte unabhängig von dem AICPA sein. Der FASB besteht aus sieben hauptberuflichen Mitgliedern. Sie werden jeweils für fünf Jahre (einmalige Wiederwahl ist möglich) von der unabhängigen Stiftung Financial Accounting Foundation (FAF), die ihrerseits von acht Berufsorganisationen (u.a. das AICPA) getragen und finanziert wird, ernannt. Um die Unabhängigkeit der bestellten Mitglieder des FASB zu gewährleisten, werden sie entsprechend gut bezahlt und sind verpflichtet, während ihrer Amtszeit sämtliche sonstigen geschäftlichen und beruflichen Tätigkeiten aufzugeben.

Der FASB wird von einem Research and Technical Activities Staff (RTA) unterstützt, der aus 40-50 angestellten erfahrenen Mitarbeitern besteht.

Bis Ende Juni 1998 hat der FASB folgende Verlautbarungen herausgegeben:

- 133 Statements of Financial Accounting Standards (SFAS)
- 6 Statements of Financial Accounting Concepts (SFAC)
- 42 Interpretations (FIN)
- 50 Technical Bulletins (TBs)

Statements of Financial Accounting Standards (SFAS) sind detaillierte Rechnungslegungsgrundsätze, die ein förmliches Verfahren der Verabschiedung (due process) durchlaufen. Dieser due process dauert mehrere Jahre, da in den verschiedenen Stufen des Entstehungsprozesses die Öffentlichkeit einbezogen wird. Für die Verabschiedung eines SFAS ist die Zustimmung von fünf der sieben Board-Mitglieder notwendig.

Statements of Financial Accounting Concepts (SFAC) sind allgemeine Rechnungslegungsgrundsätze (Conceptual Framework).

Interpretations sind Erläuterungen von SFAS, SFAC, ARB oder APB Opinions. Sie durchlaufen keinen langen due process wie die Statements of Financial Accounting Standards, sondern der Entwurf muß nur mindestens 30 Tage vorher der Öffentlichkeit vorgestellt werden, um Stellungnahmen abgeben zu können. Die Interpretations werden mit der Zustimmung von mindestens fünf der sieben Board-Mitglieder verabschiedet.

Technical Bulletins sind Hilfestellungen bei der Anwendung von FASB Statements und Interpretations und von ARB und APB Opinions und beziehen sich auf Rechnungslegungsprobleme einzelner Unternehmen oder spezieller Branchen. Sie werden kurzfristig vom FASB Staff herausgegeben, sofern nicht mehr als zwei Board-Mitglieder dagegen Einwendungen haben. Von den 50 Technical Bulletins erschienen 47 in der Zeit von 1979 – 1988, 1990, 1994 und 1997 wurde je ein Technical Bulletin verabschiedet.

Um für dringende Probleme schnell eine Lösung zu finden, wurde 1984 die Emerging Issues Task Force (EITF) eingerichtet. Sie besteht aus 13 stimmberechtigten Personen und setzt sich aus Vertretern großer und regionaler Wirtschaftsprüfungsgesellschaften sowie Rechnungslegungsfachleuten großer Unternehmen zusammen. Außerdem nimmt je ein Vertreter der SEC und des Accounting Standards Executive Committee (AcSEC) des AICPA an den sechsmal im Jahr stattfindenden öffentlichen Sitzungen teil. Obwohl der Vertreter der SEC nur Beobachter ist, beteiligt er sich aktiv an den Diskussionen. Falls nicht mehr als zwei stimmberechtigte Mitglieder der EITF gegen den Lösungsvorschlag stimmen, wird ein EITF Consensus herausgegeben.

Außerdem gibt der FASB noch andere Publikationen wie die vom Staff erarbeiteten und ohne ausdrückliche Zustimmung des Board veröffentlichten Implementation Guides (die sogenannten »Qs and As«, d.h. Questions and Answers), das sind Anwendungshilfen für neu erlassene SFAS, sowie Research Reports, Discussion Memorandums und Invitations to Comment heraus.

Die Verlautbarungen des FASB sind erhältlich beim Financial Accounting Standards Board, 401 Merritt 7, P.O.Box 5116, Norwalk, CT 06856-5116, USA, Telefon +1 (203) 847-0700, Telefax +1 (203) 847-6045, Internet: http://www.fasb.org.

3. Zusammensetzung der US-GAAP

Die US-GAAP setzen sich aus verschiedenen Quellen zusammen, die eine bestimmte Rangfolge haben. Für diese Rangfolge hat sich die Bezeichnung »the house of GAAP« eingebürgert.

Die Rangfolge ist wie folgt:

Kategorie (a)
- FASB Statements of Financial Accounting Standards (SFAS)
- FASB Interpretations
- APB Opinions und
- AICPA Accounting Research Bulletins (ARB) des CAP.

Kategorie (b)
- FASB Technical Bulletins,
- AICPA Industry Audit and Accounting Guides und
- AICPA Statements of Position (SOP).

Die beiden letzten Verlautbarungen der Gruppe (b) gelten nur dann als GAAP, wenn sie vom FASB akzeptiert (cleared) worden sind. Davon ist auszugehen, wenn die Verlautbarung keinen gegenteiligen Vermerk enthält.

Kategorie (c)
- AICPA AcSEC Practice Bulletins, die vom FASB akzeptiert sind, und
- FASB Emerging Issues Task Force (EITF) Consensus.

Kategorie (d)
- AICPA Accounting Interpretations
- FASB Implementation Guides (die sogenannten »Qs and As«), die vom Staff des FASB veröffentlicht werden, und
- »practices that are widely recognized and prevalent either generally or in the industry«.

Falls die buchhalterische Behandlung eines Geschäftsvorfalls nicht durch eine Verlautbarung der Gruppe (a) gedeckt ist, kommen die anderen GAAP-Quellen zur Anwendung. Dabei ist grundsätzlich der Quelle in der höheren Kategorie Folge zu leisten, sofern nicht die Anwendung einer niederrangigen Regel den Geschäftsvorfall unter den gegebenen Umständen besser darstellt.

Falls es keinen anerkannten Rechnungslegungsgrundsatz der Gruppen (a) bis (d) gibt, darf der Abschlußprüfer auf die sonstige Bilanzierungsliteratur zurückgreifen. Hierzu gehören:
- FASB Statements of Financial Accounting Concepts (SFAC),
- APB Statements,
- AICPA Issues Papers,
- International Accounting Standards des IASC,
- Statements, Interpretations und Technical Bulletins des Governmental Accounting Standards Board (GASB),
- »Pronouncements of other professional associations or regulatory agencies«
- Technical Information Service Inquiries und Replies in AICPA Technical Practice Aids, und
- Lehrbücher, Handbücher und Artikel.

Die US-GAAP enthalten praktisch keine expliziten Wahlrechte.

Obwohl die GAAP weder ein Gesetz noch gesetzlich definiert sind, haben sie aufgrund der Anerkennung durch die SEC praktisch Gesetzeskraft. Unternehmen, die keiner Prüfungspflicht unterliegen und sich auch nicht freiwillig einer Prüfung unterziehen, sind jedoch nicht an die GAAP gebunden.

Gemäß rule 203 des Code of Professional Conduct des AICPA darf ein Abschlußprüfer einen uneingeschränkten Bestätigungsvermerk nur dann erteilen, wenn der Jahresabschluß den Verlautbarungen der Gruppe (a) entspricht. Nur wenn wegen ungewöhnlicher Umstände die Anwendung der Verlautbarungen der Gruppe (a) zu einem unzutreffenden Bild im Jahresabschluß führen würde, ist eine Abweichung von dieser Regel unter Beschreibung der Abweichung und ihrer wahrscheinlichen Konsequenzen und der Gründe, warum die Einhaltung der Vorschriften zu einem unzutreffenden Bild führen würde, zulässig.

Eine Mißachtung dieser Vorschriften kann zu Disziplinarmaßnahmen führen, die bis zum Entzug der Wirtschaftsprüferlizenz reichen können.

Wie der Leser unschwer erkennen kann, handelt es sich bei den US-GAAP um ein sehr detailliertes und komplexes Regelwerk, das praktisch für jedes Problem eine Lösung bietet. Es ist aber auch, insbesondere für einen Ausländer, wegen seiner Komplexität schwer durchschaubar. Hinzu kommt, daß es keine deutsche Übersetzung, geschweige denn eine autorisierte deutsche Übersetzung, der umfangreichen US-GAAP gibt.

Bei einer Notierung an einer US-amerikanischen Börse sind zusätzliche Rechnungslegungsvorschriften und Offenlegungsvorschriften der SEC zu erfüllen. Sie sind nicht Bestandteil der US-GAAP.

4. Die Ziele der Rechnungslegung nach US-GAAP

Aus den Statements of Financial Concepts (SFAC) No. 1 geht die Rechnungslegungsphilosophie der US-GAAP hervor. Der Inhalt von SFAC No. 1 lautet zusammengefaßt wie folgt:

Die Ziele der Unternehmensberichterstattung werden hauptsächlich von den Bedürfnissen externer Jahresabschlußleser bestimmt, die nicht die Macht haben, die benötigten Informationen zu fordern und die sich auf die vom Management gegebenen Informationen verlassen müssen.

Die gesamte Unternehmensberichterstattung und somit auch der Jahresabschluß sollen für wirtschaftliche Entscheidungen relevante Informationen liefern, d.h. den jetzigen und potentiellen Investoren und Kreditgebern und anderen Lesern des Jahresabschlusses beim Treffen von Investitions-, Kredit- und anderen Entscheidungen nützen.

Die Informationen müssen für in der Wirtschaft tätige Personen in angemessener Zeit verständlich sein.

Die Unternehmensberichterstattung soll Informationen liefern, die Investoren, Kreditgebern und anderen Lesern des Jahresabschlusses helfen, die Beträge, den Zeitpunkt und die Wahrscheinlichkeit zukünftiger Cash-flows des Unternehmens abzuschätzen.

Die Unternehmensberichterstattung soll Informationen über die wirtschaftlichen Ressourcen, z.B. Vermögenswerte eines Unternehmens, die Anspruchsberechtigten der Ressourcen (z.B. Gläubiger und Eigenkapitalgeber) und die Auswirkungen von Transaktionen, Ereignissen und Umständen, die eine Änderung der Ressourcen und der Anspruchsberechtigten der Ressourcen bewirken, liefern.

IV. Rechnungslegung nach dem HGB

1. Entstehung und Inhalt des HGB

Das HGB trat am 1. Januar 1900 in Kraft. Das im HGB enthaltene Dritte Buch Handelsbücher ist im Laufe der Zeit zwar abgeändert worden, enthält aber immer noch nur sehr wenige allgemeine Vorschriften. Wichtige Sachverhalte sind im HGB überhaupt nicht geregelt. Ein wesentlicher Teil der Vorschriften des HGB befaßt sich nur mit Wahlrechten und Ausnahmen von den ohnehin unzureichenden Regelungen.

Das Dritte Buch Handelsbücher baut stark auf der Aktiennovelle von 1884, in der eine Reihe von Strafbestimmungen enthalten waren, um Betrügereien möglichst zu vermeiden, auf. Hierauf sind auch die in der deutschen Bilanzliteratur stark betonten Begriffe Vorsichtsprinzip, Gläubigerschutz und Ausschüttungsbemessungsfunktion zurückzuführen.

In § 243 HGB heißt es, daß der Jahresabschluß nach den Grundsätzen ordnungsmäßiger Buchführung (GoB) aufzustellen ist. Die Grundsätze ordnungsmäßiger Buchführung sind aber nirgendwo zusammengefaßt definiert; sie sind ein unbestimmter Rechtsbegriff.

2. Grundsätze ordnungsmäßiger Buchführung

Nach dem Wirtschaftsprüfer-Handbuch 1996, Seite 151, können als Entscheidungshilfen für die GoB in Betracht kommen:

Gesetz und die zugrundeliegenden EG-Richtlinien,
Rechtsprechung des BGH (RG), des EuGH, des BFH, der Spruchstelle (§ 324 HGB),
die Fachgutachten und Stellungnahmen des IDW,
gutachtliche Stellungnahmen des DIHT und der Industrie- und Handelskammern,
die gesicherten Erkenntnisse der Betriebswirtschaftslehre,
die Fachliteratur sowie
die Bilanzierungspraxis ordentlicher Kaufleute.

Auch die internationalen Rechnungslegungsgrundsätze (International Accounting Standards – IAS) des IASC können Anhaltspunkte bieten, sie sind zwar größtenteils auf anglo-amerikanische Rechtsnormen zugeschnitten, gewinnen aber insb. für die Konzernrechnungslegung großer deutscher Unternehmen zunehmend an Bedeutung.

Das heißt im Klartext: Das Gemenge der Erkenntnisse aus

- Handels- und Steuergesetzen
- zum Teil Jahrzehnte alten Entscheidungen von Finanzgerichten, die unter steuerlichen Gesichtspunkten urteilen
- Fachgutachten und Stellungnahmen des IDW, die teilweise verschiedene Bilanzierungsmöglichkeiten zulassen
- nicht definierten Stellungnahmen des DIHT und der Industrie- und Handelskammern
- nicht genau definierten gesicherten Erkenntnissen der Betriebswirtschaftslehre
- der Fachliteratur, die nicht selten unterschiedliche Meinungen vertritt
- der Bilanzierungspraxis von Kaufleuten, die zwar ordentlich sein mögen, die aber keinen Grund haben, ihre Geschäftslage zu offenbaren,

bilden die Grundsätze ordnungsmäßiger Buchführung.

3. Praxis der Rechnungslegung nach dem HGB und Maßgeblichkeitsprinzip

Aufgrund der vollkommen unzureichenden Definition der Rechnungslegungsvorschriften in Deutschland konnten die Unternehmensleitungen die sehr wenigen allgemeinen Vorschriften ganz in ihrem Sinne auslegen und somit in hohem Maße Bilanzpolitik betreiben. Aus der Sicht des Bilanzlesers ist Bilanzpolitik nichts anderes als Bilanzkosmetik oder Ergebnisverschleierung.

Hinzu kommt, daß wir in Deutschland das Maßgeblichkeitsprinzip (Handelsbilanz ist die Grundlage der steuerlichen Gewinnermittlung) und sogar das umgekehrte Maßgeblichkeitsprinzip (steuerliche Begünstigung ist nur möglich, wenn auch in der Handelsbilanz von zwingenden handelsrechtlichen Bilanzierungs- und Bewertungsvorschriften abgewichen wird) kennen.

Die Folge daraus war bisher in Deutschland, daß die Unternehmensleitungen

- in guten Jahren das Ergebnis eher schlechter darstellten, um Ausschüttungen und steuerliche Belastungen möglichst gering zu halten und stille Reserven für schlechte Zeiten anzusammeln, und
- in schlechten Jahren das Ergebnis eher besser darstellten, d.h. stille Reserven ohne Kommentar auflösten, um die Kritik an der Unternehmensleitung möglichst gering zu halten, keinen Bonitätsverlust bei den Kreditgebern zu erleiden und steuerliche Nachteile zu vermeiden.

Welche skandalösen Ausmaße die nach dem HGB mögliche Bilanzpolitik nehmen kann, zeigt die Bilanzierung der Daimler-Benz AG im Jahre 1993, d.h. dem Jahr der Einführung ihrer Aktien an der New Yorker Börse. Nach US-GAAP, d.h. bei periodengerechter Erfolgsermittlung, mußte die Daimler-Benz AG in ihrem Konzernabschluß 1993 einen Verlust von 1.839 Mio. DM ausweisen, nach dem HGB hatte sie einen Gewinn von 615 Mio. DM. Dies war möglich, weil sie in guten Zeiten in ihren Jahresabschlüssen nach dem HGB durch willkürliche und übertriebene Auslegung des Vorsichtsprinzips hohe stille Reserven legte und dadurch die Jahresabschlußleser täuschte, in schlechten Zeiten, d.h. im Jahre 1993, gegen das Vorsichtsprinzip verstieß, indem sie stille Reserven still auflöste und dadurch nochmals versuchte, die Jahresabschlußleser zu täuschen.

Da die Globalisierung der Kapitalmärkte eine Bilanzierung nach dem HGB langfristig nicht mehr zulassen dürfte, bilanziert bereits eine Reihe von großen international tätigen deutschen Unternehmen entweder nach dem HGB und IAS bzw. US-GAAP (d.h. zwei Abschlüsse, genannt Parallelabschlüsse) oder nach dem HGB unter Beachtung der IAS bzw. US-GAAP (sogenannter dualer Abschluß). Aufgrund dieser Entwicklung und nicht zuletzt aufgrund der Tatsache, daß in dem am 10. Mai 1997 an der Frankfurter Börse eingeführten Neuen Markt die Bilanzierung nach IAS oder US-GAAP Pflicht ist, wurde im Februar 1998 durch den Deutschen Bundestag das Kapitalaufnahmeerleichterungsgesetz (KapAEG) verabschiedet, das es in Zukunft – zunächst beschränkt bis zum Jahre 2004 – allen börsennotierten deutschen Unternehmen erlaubt, ihren Konzernabschluß nach IAS oder US-GAAP und nicht nach dem HGB zu erstellen.

4. Die Ziele der Rechnungslegung nach dem HGB

Das HGB konkretisiert nirgends explizit die Ziele der Rechnungslegung.

V. Vergleich der Rechnungslegung nach IAS, US-GAAP und HGB

Nimmt man einen Vergleich der Rechnungslegung vor, ist es durchaus möglich, 150-200 aber auch mehr Unterschiede – je nachdem wie detailliert man den Vergleich durchführt – zwischen der Rechnungslegung nach US-GAAP oder IAS einerseits und nach dem HGB andererseits zu zeigen. Wegen der gleichen Rechnungslegungsphilosophie bestehen naturgemäß weniger Unterschiede zwischen der Rechnungslegung nach US-GAAP und IAS. Ohne eine gleichzeitige ausführliche Darstellung der Rechnungslegung nach IAS, US-GAAP und HGB hat es wenig Sinn, detailliert die Unterschiede aufzuzeigen.

Der Verfasser beschränkt sich deshalb auf die wesentlichen Unterschiede. Ein wesentlicher Unterschied wird dabei nicht nur im theoretischen Sinn, sondern auch im praktischen Sinn verstanden, d.h. welche wesentlichen Mehrinformationen enthält der Jahresabschluß und welche wesentlichen Schwierigkeiten kann die Beschaffung der Mehrinformationen verursachen.

Für weitere Detailinformationen wird auf die angegebene Literatur in Abschnitt VI hingewiesen.

Sachverhalt bzw. Bilanzierungsproblem	IAS	US-GAAP	HGB

Die in kursiv gemachten Angaben sind keine Unterschiede, sondern Kommentare hinsichtlich des Arbeitsaufwandes und der Bedeutung der zu gebenden Informationen.
(Um den Leser auf die umfangreichen Veränderungen im letzten Jahr hinzuweisen, wurden die zwischen Juli 1997 und Juli 1998 verabschiedeten IAS aufgeführt. Sie wurden jeweils etwa 1-2 Monate später in englischer Sprache veröffentlicht und treten für Geschäftsjahre in Kraft, die etwa ein Jahr später beginnen.)

1. Allgemeine Informationen

Sachverhalt bzw. Bilanzierungsproblem	IAS	US-GAAP	HGB
Rechnungslegungsvorschriften	Vom IASC, einer unabhängigen privatrechtlichen Organisation, entwickelte Rechnungslegungsgrundsätze Das IASC strebt die Unterstützung der IOSCO an.	Die mit Unterstützung der SEC erlassenen detaillierten Statements des FASB und andere Verlautbarungen haben gesetzesähnlichen Charakter.	Wenige allgemeine Vorschriften im HGB und Hinweise im HGB auf nicht definierte Grundsätze ordnungsmäßiger Buchführung
	Die Rechnungslegungsvorschriften sind rechtsform- und größenunabhängig.	US-GAAP gelten für der staatlichen Börsenaufsicht unterliegende Unternehmen. Sie können freiwillig von anderen Unternehmen angewendet werden. Wirtschaftsprüfer dürfen nur Jahresabschlüsse nach US-GAAP testieren.	Es gibt rechtsform- und größenabhängige Vorschriften.

Sachverhalt bzw. Bilanzierungsproblem	**IAS**	**US-GAAP**	**HGB**
	Materiell bedeutende Angabepflichten (notes) sowie zusätzliche Informationen wie Kapitalflußrechnung und Segmentberichterstattung	Materiell bedeutende Angabepflichten (notes) sowie zusätzliche Informationen wie Kapitalflußrechnung und Segmentberichterstattung	Geringe Angabepflichten im Anhang
Wahlrechte	Geringe Wahlrechte; man unterscheidet in einigen Fällen zwischen Benchmark-Methode und alternativ zulässiger Methode.	Keine expliziten Wahlrechte	Viele Wahlrechte und großer Gestaltungsspielraum
Steuerliche Einflüsse	Keine steuerlichen Einflüsse	Keine steuerlichen Einflüsse (Ausnahme Lifo)	Maßgeblichkeit der Handelsbilanz für die Steuerbilanz und umgekehrte Maßgeblichkeit
	Wegen der strengen Trennung von Handels- und Steuerbilanz haben die latenten Steuern eine große Bedeutung.	*Wegen der strengen Trennung von Handels- und Steuerbilanz haben die latenten Steuern eine große Bedeutung.*	

Aussagefähigkeit des Jahresabschlusses	Die IAS haben eine hohe Regelungsdichte, sind sehr übersichtlich aufgebaut und bieten wenig Gestaltungsmöglichkeiten. Soweit mögliche Ermessensspielräume zu stark genutzt werden, sind sie für die Abschlußleser aufgrund umfangreicher Angabepflichten meistens durchschaubar.	Die US-GAAP haben eine sehr hohe Regelungsdichte, sind sehr komplex und bieten praktisch keine Gestaltungsmöglichkeiten. Soweit mögliche Ermessensspielräume zu stark genutzt werden, sind sie für die Abschlußleser aufgrund umfangreicher Angabepflichten meistens durchschaubar.	Die wenigen Vorschriften des HGB und die nicht definierten Grundsätze ordnungsmäßiger Buchführung bieten viele Gestaltungsmöglichkeiten, die auch durch die wenig aussagefähigen Anhangdaten für den Abschlußleser schwer durchschaubar bleiben.
	Die IAS sind betriebswirtschaftlich sinnvoll und somit auch für das interne Rechnungswesen geeignet.	Die US-GAAP sind betriebswirtschaftlich sinnvoll und somit auch für das interne Rechnungswesen geeignet.	Da die Rechnungslegung nach dem HGB aufgrund des Maßgeblichkeitsprinzips und der umgekehrten Maßgeblichkeit stark durch steuerliche Vorschriften und Urteile des Bundesfinanzhofes geprägt ist, ist sie betriebswirtschaftlich nicht sinnvoll und für das interne Rechnungswesen ohne Änderungen nicht brauchbar.
2. Ziele der Rechnungslegung	Vermittlung von Informationen für wirtschaftliche Entscheidungen *(IAS 1 überarbeitet Juli 1997)*	Vermittlung von Informationen für wirtschaftliche Entscheidungen	Keine expliziten Ziele

Sachverhalt bzw. Bilanzierungsproblem	IAS	US-GAAP	HGB
3. Grundsätze der Rechnungslegung			
Annahme der Fortführung der Unternehmenstätigkeit	Ja	Ja	Ja Die Anwendung des Vorsichtsprinzips als übergeordnetes Prinzip kann der Annahme der Fortführung der Unternehmenstätigkeit widersprechen.
Dominierende Rechnungslegungsgrundsätze (periodengerechte Erfolgsermittlung bei IAS und US-GAAP bzw. Vorsichtsprinzip beim HGB)	Es gilt der Grundsatz der periodengerechten Erfolgsermittlung; Vorsicht bedeutet lediglich ein gewisses Maß an Sorgfalt bei der für Schätzungen erforderlichen Ermessensausübung.	Es gilt der Grundsatz der periodengerechten Erfolgsermittlung. Das Vorsichtsprinzip ist nur bei der Beurteilung unsicherer und zweifelhafter zukünftiger Ereignisse anzuwenden.	Das Vorsichtsprinzip bei Ansatz der Vermögensgegenstände und Verbindlichkeiten/Rückstellungen (nicht bei der Erfolgsermittlung!) wird als übergeordnetes Prinzip aufgefaßt; dadurch werden das Realisationsprinzip und das Imparitätsprinzip sehr weit ausgelegt; durch

Überbetonung des Vorsichtsprinzips und lasche Handhabung des Stetigkeitsgebotes ist die periodengerechte Erfolgsermittlung sehr beeinträchtigt.

Aufgrund des dominierenden Vorsichtsprinzips sowie der vielen Wahlrechte und großen Gestaltungsspielräume können in erheblichem Maße stille Reserven gebildet und stille Reserven still aufgelöst werden.

Das Vorsichtsprinzip wird sehr willkürlich angewandt, so daß in der Praxis auch ein zu hoher Ergebnisausweis möglich ist.

Sachverhalt bzw. Bilanzierungsproblem	IAS	US-GAAP	HGB
Bewertungsstetigkeit	Änderungen der Bilanzierungs- und Bewertungsmethoden nur möglich bei Änderung von Gesetzen oder Vorschriften oder wenn Änderung zu einer aussagefähigeren Darstellung führt.	Änderungen der Bilanzierungs- und Bewertungsmethoden müssen begründet werden (z.B. neuer Standard).	Bewertungsmethoden sollen beibehalten werden; in der Praxis gibt es viele Ausnahmen. Kein Stetigkeitsgebot bei den Bilanzierungsmethoden
	Bei einer Änderung sind vergleichbare Vorjahreszahlen zu zeigen.	Die Änderung ist je nach Art der Änderung im laufenden Geschäftsjahr gesondert auszuweisen oder die Vorjahresabschlüsse sind zu ändern.	Bei Änderungen der Bilanzierungs- und Bewertungsmethoden erfolgt meistens nur eine verbale Berichterstattung.
Wirtschaftliche Betrachtungsweise	Geschäftsvorfälle und Ereignisse sind nach ihrem tatsächlichen wirtschaftlichen Gehalt und nicht nach der rechtlichen Gestaltung zu bilanzieren und darzustellen.	Der Grundsatz der wirtschaftlichen Betrachtungsweise ergibt sich aus den Grundsätzen der Verläßlichkeit und der glaubwürdigen Darstellung.	Dieser Grundsatz ist nicht im HGB kodifiziert und wird auch nicht in wichtigen Fällen angewandt (Leasing, Sale and lease back).

Wesentlichkeit	Der Grundsatz der Wesentlichkeit ist zu berücksichtigen.	Der Grundsatz der Wesentlichkeit ist zu berücksichtigen.	Der Grundsatz der Wesentlichkeit ist nicht im HGB kodifiziert. Er ist in einigen Vorschriften enthalten.
Sonstige Grundsätze der Rechnungslegung	Verständlichkeit, Relevanz, Verläßlichkeit (glaubwürdige Darstellung, Neutralität, Vollständigkeit) und Vergleichbarkeit	Verständlichkeit, Relevanz (Voraussagetauglichkeit, Erwartungsüberprüfung, Zeitnähe), Verläßlichkeit (Nachprüfbarkeit, Neutralität, glaubwürdige Darstellung) und Vergleichbarkeit	Klarheit, Übersichtlichkeit und Vollständigkeit
			Die Grundsätze der IAS und US-GAAP sind ausführlicher. Selbst die wenigen Grundsätze im HGB werden nur eingeschränkt praktiziert.

Sachverhalt bzw. Bilanzierungsproblem	IAS	US-GAAP	HGB
Ansatzvorschriften	Der Begriff asset (Vermögenswert), der sich am künftigen wirtschaftlichen Nutzen orientiert, geht über den Begriff Vermögensgegenstand, hinaus, der Begriff liability wird enger als Verbindlichkeit und Rückstellung gesehen.	Der Begriff asset (Vermögenswert), der sich am künftigen wirtschaftlichen Nutzen orientiert, geht über den Begriff Vermögensgegenstand hinaus, der Begriff liability wird enger als Verbindlichkeit und Rückstellung gesehen.	Die Begriffe Vermögensgegenstände und Schulden (Verbindlichkeiten und Rückstellungen) sind im HGB nicht definiert. Wegen der fehlenden Definition des Begriffes Vermögensgegenstand im Sinne von asset kennt man den Begriff Bilanzierungshilfe.
Anschaffungs- oder Herstellungskosten	Keine Wahlrechte bei den Herstellungskosten	Keine Wahlrechte bei den Herstellungskosten	Das HGB kennt bei den Herstellungskosten Pflicht- und Wahlbestandteile.
	Neben den Anschaffungs- oder Herstellungskosten sind in gewissen Fällen andere Bewertungsansätze möglich (Neubewertung, fair value).	Andere Wertkonzeptionen sind möglich (fair value).	Anschaffungs- und Herstellungskosten sind Bewertungsobergrenze.

Generalnorm und fair presentation	Es wird davon ausgegangen, daß die angemessene Anwendung der IAS eine fair presentation, d.h. ein den tatsächlichen Verhältnissen entsprechendes Bild, vermittelt. *(IAS 1 überarbeitet Juli 1997)*	Der Grundsatz der fair presentation, d.h. angemessene Darstellung der wirtschaftlichen Verhältnisse, ist eine Art Generalnorm, da der Wirtschaftsprüfer in seinem Testat die fair presentation bestätigen muß.	Nach § 264 Abs. 2 HGB hat der Jahresabschluß unter Beachtung der Grundsätze ordnungsmäßiger Buchführung ein den tatsächlichen Verhältnissen entsprechendes Bild der Vermögens-, Finanz- und Ertragslage zu vermitteln. Durch den nicht in der 4. EG-Richtlinie enthaltenen Zusatz "unter Beachtung der Grundsätze ordnungsmäßiger Buchführung", der auch im Testat des Wirtschaftsprüfers steht, vermittelt ein nach dem HGB aufgestellter Jahresabschluß in der Regel kein den tatsächlichen Verhältnissen entsprechendes Bild, d.h. eine fair presentation. Daran ändert auch eine Richtigstellung im Anhang nichts.

Sachverhalt bzw. Bilanzierungsproblem	IAS	US-GAAP	HGB
4. Bestandteile und Gliederung des Jahresabschlusses			
Bestandteile	Bilanz Gewinn- und Verlustrechnung Kapitalflußrechnung Eigenkapitalveränderungs-nachweis Angabe der Bilanzierungs- und Bewertungsmethoden und notes (Zusatzinformationen)	Bilanz Gewinn- und Verlustrechnung mit Entwicklung Gewinnrücklagen Kapitalflußrechnung notes (Zusatzinformationen)	Bilanz Gewinn- und Verlustrechnung Anhang (Ergänzung und Richtigstellung des Jahresabschlusses)
	Gemäß IAS 1 (überarbeitet Juli 1997), der für Jahresabschlüsse in Kraft tritt, die am 1. Juli 1998 oder später beginnen, sind auch die Eigenkapitalveränderungen zu zeigen, die nicht die Kapitaltransaktionen mit den Anteilseignern und die Ausschüttungen an die Anteilseigner ausweisen (comprehensive income). *(IAS 1 überarbeitet Juli 1997)*	Gemäß SFAS 130 Reporting Comprehensive Income vom Juni 1997 ist für Geschäftsjahre, die nach dem 15. Dezember 1997 beginnen, das comprehensive income in net income and other components of comprehensive income aufzugliedern. Other comprehensive income sind Erträge, Aufwendungen, Gewinne und Verluste,	

		die nicht im net income des comprehensive income gemäß GAAP enthalten sind.	
Gliederung	Mindestgliederung vorgeschrieben *(IAS 1 überarbeitet Juli 1997)*	Genaue Gliederungsvorschriften gibt es nur für börsennotierte Gesellschaften. Von den anderen Gesellschaften werden diese Gliederungsvorschriften weitgehend befolgt.	Detailliertes Gliederungsschema für Kapitalgesellschaften
5. Posten der Bilanz und Gewinn- und Verlustrechnung			
Immaterielle Vermögensgegenstände			
– erworbene	Aktivierungsgebot	Aktivierungsgebot	Aktivierungsgebot
– selbstgeschaffene	Aktivierungsgebot (z.B. Entwicklungskosten), sofern gewisse Voraussetzungen erfüllt sind.	Aktivierungsfähig (z.B. Kosten zur Erlangung und Sicherung der selbstgeschaffenen immateriellen Vermögensgegenstände), sofern strenge Voraussetzungen erfüllt sind.	Aktivierungsverbot

Sachverhalt bzw. Bilanzierungsproblem	IAS	US-GAAP	HGB
	Abschreibung über die voraussichtliche wirtschaftliche Nutzung, höchstens 20 Jahre	Abschreibung über die voraussichtliche wirtschaftliche Nutzung, höchstens 40 Jahre	Abschreibung über die voraussichtliche wirtschaftliche Nutzung
– Gründungskosten	Aktivierungspflicht, sofern sie als ein asset anzusehen sind.	Aktivierungsfähig, sofern sie als ein asset anzusehen sind.	Aktivierungsverbot
– Aufwendungen für die Ingangsetzung und Erweiterung des Geschäftsbetriebes	Aktivierungspflicht, sofern sie als ein asset anzusehen sind.	Aktivierungspflicht, sofern sie als ein asset anzusehen sind.	Aktivierungswahlrecht (Ausschüttungssperre)
– derivativer Geschäfts- oder Firmenwert	Der Geschäfts- oder Firmenwert bei einem asset deal ist zu aktivieren.	Der Geschäfts- oder Firmenwert bei einem asset deal ist zu aktivieren.	Ein bei einem durch Unternehmenskauf in Form von Vermögensgegenständen (asset deal) entstandener Geschäfts- oder Firmenwert darf aktiviert oder sofort als Aufwand verrechnet werden.

	(Bei share deal: Equity-Bewertung)	(Bei share deal: Equity-Bewertung)	(Bei einem Unternehmenskauf in Form von Anteilen [share deal] ist der gesamte Kaufpreis als Beteiligung zu aktivieren.)
	Der Geschäfts- oder Firmenwert ist in der Regel linear innerhalb von fünf Jahren, höchstens jedoch innerhalb von zwanzig Jahren abzuschreiben; ggf. ist eine außerordentliche Abschreibung vorzunehmen. *(IAS 36 April 1998)* *(IAS 38 Juli 1998)*	Der Geschäfts- oder Firmenwert ist höchstens über 40 Jahre abzuschreiben (Sonderregelung der SEC für gewisse Branchen). In den folgenden Jahren ist zu überprüfen, ob eine Wertberichtigung oder Änderung der Nutzungsdauer vorzunehmen ist.	Ein aktivierter Geschäfts- oder Firmenwert ist entweder in vier Jahren oder planmäßig über die Geschäftsjahre abzuschreiben, in denen er voraussichtlich genutzt wird.
Sachanlagen	Anschaffungs- oder Herstellungskosten Neubewertung möglich (bei der alternativ zulässigen Methode)	Anschaffungs- oder Herstellungskosten	Anschaffungs- oder Herstellungskosten

Sachverhalt bzw. Bilanzierungsproblem	IAS	US-GAAP	HGB
	Abschreibung entsprechend der erwarteten wirtschaftlichen Nutzung Abschreibungsdauer und Abschreibungsmethode sind regelmäßig zu überprüfen und ggf. anzupassen.	Abschreibung über die voraussichtliche wirtschaftliche Nutzung	In der Regel werden steuerrechtliche Abschreibungstabellen angewendet. Zusätzliche steuerrechtliche Abschreibungen möglich
	Außerplanmäßige Abschreibungen auf den recoverable amount, d.h. den Wert, der durch die künftige Nutzung eines Gegenstandes einschl. des Restwertes amortisiert werden kann *(IAS 36 April 1998)*	Außerplanmäßige Abschreibungen, wenn der Netto Cash-flow eines Vermögensgegenstandes seinen Buchwert unterschreitet	Außerplanmäßige Abschreibungen auf den niedrigeren beizulegenden Wert sind vorzunehmen. Die Ermittlung des niedrigeren beizulegenden Wertes ist im HGB nicht geregelt; in der Regel orientiert man sich am Wiederbeschaffungswert.
	Wertaufholungsgebot	Wertaufholungsverbot	Wertaufholungswahlrecht aus steuerlichen Gründen

Finanzanlagen / Wertpapiere des Umlaufvermögens	Abschreibungspflicht bei einer nicht nur vorübergehenden Wertminderung	Bei held-to-maturity securities Abschreibungspflicht bei nachhaltiger Wertminderung	Abschreibungspflicht bei dauernder Wertminderung, Abschreibungswahlrecht bei vorübergehender Wertminderung
	Wertaufholungsgebot	Wertaufholungsverbot	Wertaufholungswahlrecht aus steuerlichen Gründen
	Eine Neubewertung über die Anschaffungskosten ist möglich. Eine Erhöhung des Buchwertes der Finanzanlagen muß und eine Erhöhung des Buchwertes der Wertpapiere kann in eine Neubewertungsrücklage eingestellt werden. Falls Neubewertungen vorgenommen werden, sind sie regelmäßig vorzunehmen.	Trading securities und available-for-sale securities sind mit dem fair value zu bewerten. Unrealisierte Gewinne und Verluste bei den available-for-sale securities sind in einem gesonderten Eigenkapitalposten zu erfassen.	

Sachverhalt bzw. Bilanzierungsproblem	IAS	US-GAAP	HGB
Vorräte	Vollkostenbewertung	Vollkostenbewertung	Teilkostenbewertung möglich
	Nicht unmittelbar fertigungsbezogene Kosten der allgemeinen Verwaltung dürfen nicht aktiviert werden.	Nicht unmittelbar fertigungsbezogene Kosten der allgemeinen Verwaltung dürfen nicht aktiviert werden.	Nicht unmittelbar fertigungsbezogene Kosten der allgemeinen Verwaltung dürfen aktiviert werden.
	Die Bestimmung des Niederstwertes richtet sich nach dem Absatzmarkt.	Die Bestimmung des Niederstwertes richtet sich nach den Wiederbeschaffungskosten und orientiert sich zusätzlich an einem modifizierten Verkaufspreis.	Die Bestimmung des Niederstwertes ist nicht eindeutig geregelt.
	Wertaufholungsgebot	Kein Wertaufholungsgebot	Wertaufholungswahlrecht aus steuerlichen Gründen
			Abschreibungen auf den niedrigeren Zukunftswert sind möglich.
			Abschreibungen aufgrund steuerrechtlicher Vorschriften sind möglich.

		In besonderen Fällen dürfen Vorräte über die Anschaffungskosten bewertet werden (z.B. Edelmetalle).	
Langfristige Auftragsfertigung	Bei Vorliegen der Voraussetzungen ist die Percentage-of-Completion-Methode (Umsätze und die dazugehörigen Aufwendungen sind entsprechend dem Grad der Fertigstellung zum Abschlußstichtag erfolgswirksam zu erfassen) anzuwenden. Bei Unmöglichkeit verläßlicher Ergebnisschätzungen dürfen Umsatzerlöse bis zur Höhe der angefallenen oder wahrscheinlich absehbaren Kosten erfolgswirksam erfaßt werden. Die Completed-Contract-Methode (Ausweis des Umsatzes erst, wenn Auftrag abgeschlossen ist, vorher Ausweis der Herstellungskosten unter den unfertigen Erzeugnissen) wird in den IAS nicht explizit erwähnt.	Bei Vorliegen der Voraussetzungen ist die Percentage-of-Completion-Methode anzuwenden. Gegebenenfalls ist auch die Completed-Contract-Methode zulässig.	Im HGB sind keine Vorschriften über die langfristige Auftragsfertigung enthalten. Wegen des Realisationsprinzips ist die Zulässigkeit der Percentage-of-Completion-Methode fraglich.

Sachverhalt bzw. Bilanzierungsproblem	IAS	US-GAAP	HGB
Forderungen	Es gibt keine spezielle Regelung für Wertberichtigungen; aufgrund der Ansatzvorschriften im Framework sind angemessene Wertberichtigungen vorzunehmen.	Üblich sind Pauschalwertberichtigungen nach der percentage-of-credit-sale method.	Pauschalwertberichtigungen ohne konkrete Berechnungsmethode sind üblich.
	Fremdwährungsumrechnung zum Stichtagskurs	Fremdwährungsumrechnung zum Stichtagskurs	Fremdwährungsumrechnung zum Kurs der Erstverbuchung oder zum niedrigeren Stichtagskurs
Eigenkapital	Für eigene Aktien sind Angaben beim Eigenkapital zu machen.	Eigene Aktien sind offen vom Eigenkapital abzusetzen.	Eigene Aktien sind unter den Wertpapieren gesondert auszuweisen.
	Vorzugsaktien sind, soweit sie Verbindlichkeiten darstellen, als Fremdkapital auszuweisen.	Vorzugsaktien mit Kündigungsrecht sind nicht als Eigenkapital, sondern gesondert auszuweisen.	Keine speziellen Vorschriften über Vorzugsaktien

Sonderposten mit Rücklageanteil	Die in einer deutschen Bilanz im Sonderposten mit Rücklageanteil enthaltene Steuerbelastung ist unter den latenten Steuern auszuweisen, da die IAS das Maßgeblichkeitsprinzip und die umgekehrte Maßgeblichkeit nicht kennen.	Die in einer deutschen Bilanz im Sonderposten mit Rücklageanteil enthaltene Steuerbelastung ist unter den latenten Steuern auszuweisen, da die US-GAAP das Maßgeblichkeitsprinzip und die umgekehrte Maßgeblichkeit nicht kennen.	Dieser Posten kann sich nur aufgrund des Maßgeblichkeitsprinzips bzw. der umgekehrten Maßgeblichkeit ergeben.
Rückstellungen für Pensionen	Passivierungspflicht	Passivierungspflicht	Passivierungspflicht für Neuzusagen ab 1.1.1987
	Anwartschaftsbarwertverfahren (projected unit credit method) unter Berücksichtigung künftiger Lohn- und Gehaltssteigerungen und der langfristig durchschnittlichen Kapitalmarktzinsen (ab 1999 stichtagsbezogene Zinsen für Industrieanleihen) *(IAS überarbeitet Januar 1998)*	Anwartschaftsbarwertverfahren (projected unit credit method) unter Berücksichtigung künftiger Lohn- und Gehaltssteigerungen und der stichtagsbezogenen Kapitalmarktzinsen	In der Regel wird das Teilwertverfahren nach § 6a EStG benutzt. Zukünftige Lohn- und Gehaltssteigerungen sind dabei nicht zu berücksichtigen. In § 6a EStG ist ein Kapitalisierungszinsfuß von 6% vorgesehen. Die Anwendung eines Kapitalisierungszinsfußes von 3-6% ist handelsrechtlich möglich.

Sachverhalt bzw. Bilanzierungsproblem	**IAS**	**US-GAAP**	**HGB**
			Die Pensionsverpflichtungen sind nach § 6a EStG meistens zu niedrig bewertet.
	Erfolgsrechnung steht im Vordergrund.	*Erfolgsrechnung steht im Vordergrund.*	*Bilanzausweis steht im Vordergrund.*
	Weitgehend glatter Aufwandsverlauf in den einzelnen Geschäftsjahren	*Weitgehend glatter Aufwandsverlauf in den einzelnen Geschäftsjahren*	*Sprunghafte Veränderungen im Bilanzausweis möglich*

Rückstellungen	Rückstellungen dürfen nur für Verpflichtungen gegenüber Dritten gebildet werden. Es werden hohe Anforderungen an die Wahrscheinlichkeit des relevanten Ereignisses und an die Bestimmbarkeit des Rückstellungsbetrages gestellt, d.h. er muß vernünftig schätzbar sein. Es ist der Betrag mit der höchsten Eintrittswahrscheinlichkeit anzusetzen. Falls keine Schätzung möglich ist, sind Angaben in den notes zu machen. Aufwandsrückstellungen sind nicht zulässig. *(IAS 37 Juli 1998)*	Rückstellungen dürfen nur für Verpflichtungen gegenüber Dritten gebildet werden. Die Verpflichtungen müssen wahrscheinlich sein und vernünftig geschätzt werden können. Im Zweifel ist nur der Mindestbetrag anzusetzen. Falls keine Schätzung möglich ist, sind Angaben in den notes zu machen. Aufwandsrückstellungen sind nicht zulässig.	Rückstellungen sind für ungewisse und drohende Verluste aus schwebenden Geschäften zu bilden. Sie können gebildet werden, wenn der Eintritt einer Verbindlichkeit möglich ist. Der Ermessensspielraum ist sehr groß. Aufwandsrückstellungen können gebildet werden.

Sachverhalt bzw. Bilanzierungsproblem	IAS	US-GAAP	HGB
Verbindlichkeiten	Fremdwährungsumrechnung zum Stichtagskurs	Fremdwährungsumrechnung zum Stichtagskurs	Fremdwährungsumrechnung zum Kurs der Erstverbuchung oder zum höheren Stichtagskurs
	Es gibt keine ausdrückliche Regelung für die Bewertung von langfristigen Verbindlichkeiten. Es sind Angaben über die Zinssätze u.a. zu machen.	Bei langfristigen Verbindlichkeiten ist bei einem vom Marktzins abweichenden vereinbarten Zinssatz der Nominalbetrag auf den Barwert zu korrigieren.	Langfristige Verbindlichkeiten werden in der Regel mit dem Rückzahlungsbetrag angesetzt.
Latente Steuern	Aktivierungspflicht für aktive latente Steuern, wenn mit ihrer Realisierung vernünftigerweise gerechnet werden kann.	Aktivierungspflicht für aktive latente Steuern; ggf. Bildung einer Wertberichtigung, wenn es mehr wahrscheinlich ist als nicht, d.h. mehr als 50%, daß der Betrag nicht realisiert werden kann.	Aktivierungswahlrecht für aktive latente Steuern (Ausschüttungssperre), jedoch Aktivierungspflicht für durch Konsolidierungsmaßnahmen verursachte aktive Steuern

Aktivierungspflicht für aktive latente Steuern aus steuerlichem Verlustvortrag; evtl. ist ein Sicherheitsabschlag vorzunehmen.	Aktivierungspflicht für aktive latente Steuern aus steuerlichem Verlustvortrag; evtl. ist ein Sicherheitsabschlag vorzunehmen.	Kein Ansatz aktiver latenter Steuern für steuerlichen Verlustvortrag (Saldierung mit passiven latenten Steuern möglich) Aktive und passive latente Steuern können saldiert ausgewiesen werden.
Latente Steuern sind auf temporary differences, das sind Unterschiede zwischen dem handelsrechtlichen und steuerlichen Bilanzansatz von assets und liabilities, die sich später umkehren, zu berechnen (liability method).	Latente Steuern sind auf temporary differences, das sind Unterschiede zwischen dem handelsrechtlichen und steuerlichen Bilanzansatz von assets und liabilities, die sich später umkehren, zu berechnen (liability method).	Latente Steuern sind auf timing differences, das sind Unterschiede zwischen dem handelsrechtlichen und dem steuerlichen Gewinn, die sich in späteren Perioden umkehren, zu berechnen (deferred method).
Quasipermanente Differenzen werden wie temporäre Differenzen behandelt.	Quasipermanente Differenzen werden wie temporäre Differenzen behandelt.	Quasipermanente Differenzen werden wie permanente Differenzen behandelt.

Sachverhalt bzw. Bilanzierungsproblem	IAS	US-GAAP	HGB
	Alle timing differences sind immer auch temporary differences, aber nicht umgekehrt.	Alle timing differences sind immer auch temporary differences, aber nicht umgekehrt.	
	Die Umstellung auf IAS kann einen hohen Arbeitsaufwand bedeuten, da alle Bilanzposten sämtlicher Konzernunternehmen hinsichtlich latenter Steuern zu untersuchen sind (Unterschied zwischen Bilanzierung nach IAS des Mutterunternehmens und Steuerbilanzen der Tochterunternehmen).	*Die Umstellung auf US-GAAP kann einen hohen Arbeitsaufwand bedeuten, da alle Bilanzposten sämtlicher Konzernunternehmen hinsichtlich latenter Steuern zu untersuchen sind (Unterschied zwischen Bilanzierung nach US-GAAP des Mutterunternehmens und Steuerbilanzen der Tochterunternehmen).*	

Leasing	Bei Finanzierungsleasing ist der Leasinggegenstand dem Leasingnehmer und bei Mietleasing dem Leasinggeber zuzurechnen.	Bei Finanzierungsleasing ist der Leasinggegenstand dem Leasingnehmer und bei Mietleasing dem Leasinggeber zuzurechnen.	Im HGB sind keine Vorschriften über Leasing enthalten. Vertragsgestaltung und handelsrechtliche Bilanzierung erfolgen in der Regel nach den Leasingerlassen der Finanzverwaltung. Danach kommt es selten zu einer Zurechnung des Leasinggegenstandes zum Leasingnehmer.
	Bei einem Sale-and-lease-back-Geschäft ist die Realisierung eines Veräußerungsgewinnes zum Verkaufszeitpunkt nicht möglich. *(IAS 17 überarbeitet November 1997)*	Bei einem Sale-and-lease-back-Geschäft ist die Realisierung eines Veräußerungsgewinnes zum Verkaufszeitpunkt nicht möglich.	Bei einem Sale-and-lease-back-Geschäft ist die Realisierung eines Veräußerungsgewinnes zum Verkaufszeitpunkt möglich.

Sachverhalt bzw. Bilanzierungsproblem	IAS	US-GAAP	HGB
Derivative Finanzinstrumente	Umfangreiche Angabepflichten	Umfangreiche Angabepflichten	Keine speziellen Angabepflichten
	Bewertung zum Marktwert (fair value) vorgesehen	Bewertung zum Marktwert (fair value) vorgesehen	Im HGB sind keine Vorschriften über die Bilanzierung und Bewertung von derivativen Finanzinstrumenten enthalten.
	(E 62 April 1998, IAS Ende 1998 vorgesehen)	*(SFAS 133 vom Juni 1998 gültig für Geschäftsjahre, die ab 15.12.1998 beginnen)*	
Gewinn- und Verlustrechnung	Umsatzkostenverfahren oder Gesamtkostenverfahren	Umsatzkostenverfahren	Umsatzkostenverfahren oder Gesamtkostenverfahren
Forschungs- und Entwicklungskosten	Entwicklungskosten sind zu aktivieren, wenn gewisse Voraussetzungen erfüllt sind.	Forschungs- und Entwicklungskosten dürfen nicht aktiviert werden (Ausnahme Computer Software).	Forschungs- und Entwicklungskosten dürfen nicht aktiviert werden.
	(IAS 38 Juli 1998)		

Gewinne oder Verluste aus dem Verkauf oder der Aufgabe von Geschäftsbereichen	Es sind umfangreiche Angaben zu machen. *(IAS 35 April 1998)*	Es sind umfangreiche Angaben zu machen.	Im HGB sind keine speziellen Angaben vorgesehen.
Fremdkapitalkosten	Aufwand (Benchmark-Methode)	Fremdkapitalkosten sind bei den Anschaffungs- oder Herstellungskosten von Vermögensgegenständen, die bis zu ihrer beabsichtigten Nutzung oder zum Verkauf einen langen Zeitraum benötigen, zu aktivieren; es gibt detaillierte Vorschriften.	Fremdkapitalkosten dürfen als Herstellungskosten angesetzt werden; es gibt keine detaillierten Vorschriften zur Ermittlung der Fremdkapitalkosten.

6. Konzernabschluß

Konsolidierungspflicht	ja	ja	Für Kapitalgesellschaften
		Der Konzernabschluß ist ein erweiterter Abschluß des Mutterunternehmens und ersetzt den Einzelabschluß.	Größenabhängige Befreiungen

Sachverhalt bzw. Bilanzierungsproblem	IAS	US-GAAP	HGB
Konsolidierungskreis	Alle Tochterunternehmen, auf die das Mutterunternehmen einen beherrschenden Einfluß (control) ausübt, d.h. mehr als die Hälfte der Stimmrechte besitzt; der beherrschende Einfluß ist auch gegeben, wenn andere in IAS 27 spezifizierte Kriterien vorliegen.	Alle Tochterunternehmen, auf die das Mutterunternehmen einen beherrschenden Einfluß (control) ausübt, d.h. mehr als die Hälfte der Stimmrechte besitzt; der beherrschende Einfluß kann auch von anderen Kriterien abgeleitet werden.	Alle Tochterunternehmen, die unter einheitlicher Leitung stehen oder auf die ein beherrschender Einfluß (control) ausgeübt werden kann
	Die Kriterien für die grundsätzlich in den Konslidierungskreis einzubeziehenden Unternehmen sind nicht voll identisch, praktisch bestehen keine Unterschiede.		

Einbeziehungsverbot, wenn die Anteile ausschließlich zum Zwecke der kurzfristigen Weiterveräußerung gehalten werden oder das Tochterunternehmen unter schwerwiegenden langfristigen Beschränkungen arbeitet, die seine Möglichkeit zu Zahlungen an das Mutterunternehmen entscheidend beeinflussen	Einbeziehungsverbot, wenn die Möglichkeit des beherrschenden Einflusses vorübergehend oder wahrscheinlich vorübergehend nicht gegeben ist (z.B. beabsichtigte Weiterveräußerung oder starke Behinderung bei der Ausübung der Vermögensrechte bei ausländischen Tochterunternehmen) oder wenn aufgrund anderer Umstände ein beherrschender Einfluß trotz Besitzes der Mehrheit der Stimmrechte nicht vorliegt (Unternehmen, die sich in einem Sanierungs- oder Konkursverfahren befinden)	Einbeziehungsverbot für Tochterunternehmen mit stark abweichender Tätigkeit

Sachverhalt bzw. Bilanzierungsproblem	IAS	US-GAAP	HGB
			Einbeziehungswahlrecht bei Weiterveräußerungsabsicht, bei dauernder Beschränkung der Rechte des Mutterunternehmens und für Tochterunternehmen, wenn die erforderlichen Angaben nicht ohne verhältnismäßig hohe Kosten oder Verzögerungen zu erhalten sind
			Befreiung für Tochterunternehmen von untergeordneter Bedeutung

Da es kein Einbeziehungsverbot für Tochterunternehmen mit stark abweichender Tätigkeit und keine Befreiung für Tochterunternehmen von untergeordneter Bedeutung gibt, kann aus diesem Grunde die Erstellung eines Konzernabschlusses nach IAS oder US-GAAP gegenüber einem Konzernabschluß nach dem HGB zusätzlich einen erheblichen Arbeitsaufwand bedeuten.

Vollkonsolidierung	In der Regel Erwerbsmethode (Benchmark-Methode: anteilige Neubewertungsmethode, die der deutschen Buchwertmethode ähnlich ist)	In der Regel Erwerbsmethode (anteilige Neubewertungsmethode, die der deutschen Buchwertmethode ähnlich ist)	Grundsätzlich Erwerbsmethode (Buchwert- oder Neubewertungsmethode)
	Wertverhältnisse zum Zeitpunkt des Erwerbs	Wertverhältnisse zum Zeitpunkt des Erwerbs	Wertverhältnisse zum Zeitpunkt des Erwerbs oder zum Stichtag der erstmaligen Einbeziehung des Tochterunternehmens in den Konzernabschluß
	Die Berücksichtigung der Wertverhältnisse zum Zeitpunkt des Erwerbs bedeutet zusätzlichen Arbeitsaufwand bei der Beschaffung der Daten.		
	Bei Erfüllung gewisser restriktiver Voraussetzungen Pflicht zur Anwendung der Interessenzusammenführungsmethode	Bei Erfüllung gewisser restriktiver Voraussetzungen Pflicht zur Anwendung der Interessenzusammenführungsmethode	Bei Erfüllung gewisser wenig restriktiver Voraussetzungen Wahlrecht zur Anwendung der Interessenzusammenführungsmethode

Sachverhalt bzw. Bilanzierungsproblem	IAS	US-GAAP	HGB
	Der Geschäfts- oder Firmenwert ist zu aktivieren.	Der Geschäfts- oder Firmenwert ist zu aktivieren.	Der Geschäfts- oder Firmenwert darf aktiviert oder offen mit den Rücklagen verrechnet werden.
	Der Geschäfts- oder Firmenwert ist in der Regel linear innerhalb von fünf Jahren, höchstens jedoch innerhalb von zwanzig Jahren abzuschreiben. Gegebenenfalls ist eine außerordentliche Abschreibung vorzunehmen.	Der Geschäfts- oder Firmenwert ist über höchstens 40 Jahre abzuschreiben (Sonderregelung der SEC für gewisse Branchen). In den folgenden Jahren ist zu prüfen, ob eine Wertberichtigung oder Änderung der geschätzten Nutzungsdauer vorzunehmen ist.	Ein aktivierter Geschäfts- oder Firmenwert ist entweder in vier Jahren oder planmäßig über eine längere Nutzungsdauer abzuschreiben.

Negativer Unterschiedsbetrag	Proportionale Reduzierung der erworbenen nicht monetären Aktiva; ein evtl. verbleibender Restbetrag ist innerhalb von fünf Jahren, höchstens innerhalb von 20 Jahren abzuschreiben (Benchmark-Methode).	Proportionale Reduzierung des Anlagevermögens ohne marktgängige Wertpapiere; ein evtl. verbleibender Restbetrag ist über höchstens 40 Jahre abzuschreiben.	Passivierungspflicht und Auflösung nur unter bestimmten Voraussetzungen (erwartete ungünstige Entwicklung der Ertragslage tritt ein oder Feststellung eines realisierten Gewinnes) Verrechnung mit einem Geschäfts- oder Firmenwert aus der Konsolidierung eines anderen Unternehmens ist ebenfalls zulässig.
Gemeinschafts-unternehmen	Anteilmäßige Konsolidierung (Benchmark-Methode)	Equity-Methode In gewissen Branchen (insbesondere Öl- und Gasindustrie) anteilmäßige Konsolidierung	Wahlrecht zwischen anteilmäßiger Konsolidierung und Equity-Methode

Sachverhalt bzw. Bilanzierungsproblem	**IAS**	**US-GAAP**	**HGB**
Assoziierte Unternehmen (Beteiligungen)	Equity-Methode (Equity-Methode ist nicht zulässig für Tochterunternehmen, die nicht in die Vollkonsolidierung einbezogen werden dürfen.)	Equity-Methode (Equity-Methode ist nicht zulässig für Tochterunternehmen, die nicht in die Vollkonsolidierung einbezogen werden dürfen.)	Equity-Methode (Equity-Methode ist auch zulässig für Tochterunternehmen, die nicht in die Vollkonsolidierung einbezogen werden dürfen oder nicht einbezogen werden.)
Währungsumrechnung ausländischer Jahresabschlüsse	Methode der funktionalen Währungsumrechnung	Methode der funktionalen Währungsumrechnung	Keine Vorschriften

7. Zusätzliche Angaben und Informationen			
Anhang bzw. Angabepflichten	Die Angabepflichten bzw. notes dienen der Ergänzung und Erläuterung der übrigen Teile des Jahresabschlusses. Darüber hinaus enthalten sie zusätzliche Informationen. Die Angabepflichten bzw. notes sind sehr umfangreich.	Die Angabepflichten bzw. notes dienen der Ergänzung und Erläuterung der übrigen Teile des Jahresabschlusses. Darüber hinaus enthalten sie zusätzliche Informationen. Die Angabepflichten bzw. notes sind sehr umfangreich.	Der Anhang (nur bei Kapitalgesellschaften) enthält zusätzliche Angaben, die der Ergänzung und Richtigstellung der Bilanz und Gewinn- und Verlustrechnung dienen.
Kapitalflußrechnung	Eine Kapitalflußrechnung ist Pflicht; die Posten sind vorgegeben. Die Zahlungsströme sind nach Cash-flows aus laufender Geschäftstätigkeit, Investitionstätigkeit und Finanzierungstätigkeit zu klassifizieren.	Eine Kapitalflußrechnung ist Pflicht; die Posten sind vorgegeben. Die Zahlungsströme sind nach Cash-flows aus laufender Geschäftstätigkeit, Investitonstätigkeit und Finanzierungstätigkeit zu klassifizieren.	Eine Kapitalflußrechnung ist bisher gesetzlich nicht vorgesehen.
			Ab 1999 ist eine Kapitalflußrechnung für börsennotierte Unternehmen Pflicht; die Posten der Kapitalflußrechnung sind nicht vorgegeben.

Sachverhalt bzw. Bilanzierungsproblem	IAS	US-GAAP	HGB
	Praktische Schwierigkeiten im Rahmen der Erstellung können bei der Änderung des Konsolidierungskreises, der Währungsumrechnung und dem Leasing entstehen.	*Praktische Schwierigkeiten im Rahmen der Erstellung können bei der Änderung des Konsolidierungskreises, der Währungsumrechnung und dem Leasing entstehen.*	
Lagebericht	Nicht vorgeschrieben; der materielle Gehalt der Angabepflichten (notes) geht über die sehr allgemein gehaltenen Vorschriften zur Aufstellung und zum Inhalt des nach dem HGB zu erstellenden Lageberichtes hinaus.	Nicht vorgesehen; der materielle Gehalt der in den Angabepflichten (notes) und den Management's Discussion and Analysis of Financial Condition and Results of Operation (MD&A) des Geschäftsberichtes enthaltenen Informationen geht über die sehr allgemein gehaltenen Vorschriften zur Aufstellung und zum Inhalt des nach dem HGB zu erstellenden Lageberichtes hinaus.	Bei Kapitalgesellschaften vorgeschrieben; Informationsgehalt in der Regel sehr gering

Geschäftsbeziehungen mit nahestehenden natürlichen und juristischen Personen (related parties)	Angaben zu allen Transaktionen sowie Informationen, die notwendig sind, um die Auswirkungen dieser Transaktionen auf den Jahresabschluß zu verstehen	Angaben zu allen Transaktionen sowie Informationen, die notwendig sind, um die Auswirkungen dieser Transaktionen auf den Jahresabschluß zu verstehen	Nur geringe Vermerkpflichten bei bestimmten Posten der Bilanz, der Gewinn- und Verlustrechnung, den Haftungsverhältnissen und sonstigen finanziellen Verpflichtungen
Angaben nach Tätigkeitsbereichen und nach Regionen (Segmentberichterstattung)	Pflicht für Unternehmen, deren Eigen- oder Fremdkapitaltitel öffentlich gehandelt werden	Pflicht für börsennotierte Unternehmen	Bei Kapitalgesellschaften wird nur eine Aufgliederung der Umsatzerlöse verlangt.
	Die Segmentberichterstattung ändert sich für Geschäftsjahre, die ab 1.7.1998 beginnen. Es werden sehr detaillierte Informationen verlangt.	Die Segmentberichterstattung ändert sich für Geschäftsjahre, die ab 15.12.1997 beginnen. Es werden sehr detaillierte Informationen verlangt.	Ab 1999 ist eine Segmentberichterstattung für börsennotierte Unternehmen Pflicht; Einzelheiten sind nicht geregelt.
	(IAS 14 überarbeitet Juli 1997)		
	Die Segmentberichterstattung gibt sehr detaillierte Einblicke in das Unternehmen.	*Die Segmentberichterstattung gibt sehr detaillierte Einblicke in das Unternehmen.*	

Sachverhalt bzw. Bilanzierungsproblem	IAS	US-GAAP	HGB
Ergebnis je Aktie	Das Ergebnis je Aktie und das verwässerte Ergebnis je Aktie sowie die Art der Berechnung sind anzugeben.	Das Ergebnis je Aktie und das verwässerte Ergebnis je Aktie sowie die Art der Berechnung sind anzugeben.	Die Angabe eines Ergebnisses je Aktie ist im HGB nicht vorgesehen.
			Es ist teilweise üblich, ein Ergebnis nach DVFA/SG anzugeben. Das Ergebnis nach DVFA/SG ist aus dem Jahresabschluß nicht nachvollziehbar und wird nicht vom Wirtschaftsprüfer testiert.

Zwischenberichte	Es sind ein zusammengefaßter Abschluß zu veröffentlichen und eine Reihe zusätzlicher Angaben zu machen. Es wird nicht gesagt, welche Unternehmen wie oft und in welchem Zeitraum Zwischenberichte zu veröffentlichen haben. Es wird auf Regierungen, Börsenaufsichtsbehörden und auf Berufsorganisationen, die sich mit Rechnungslegung befassen, verwiesen. *(IAS 34 Januar 1988)*	Sofern Zwischenberichte veröffentlicht werden, sind mindestens der Umsatz, die abgegrenzten Ertragsteuern, das Ergebnis nach Ertragsteuern und das Ergebnis sowie das verwässerte Ergebnis je Aktie anzugeben. Außerdem sind eine Reihe zusätzlicher Angaben zu machen. Gegenüber der SEC berichtspflichtige amerikanische Gesellschaften haben einen Zwischenbericht gemäß Form 10-Q abzugeben.	Das HGB enthält keine Vorschriften. Im amtlichen Handel börsennotierte Unternehmen haben gemäß § 44b Abs. 1 des Börsenzulassungsgesetzes vom 16.12.1985 ausgewählte Unternehmensdaten zu veröffentlichen (keinen Abschluß). Börsen können (z.B. von Unternehmen im Neuen Markt) zusätzliche Informationen verlangen.

VI. Literatur

Ein wesentliches Problem bei der Einführung von IAS oder US-GAAP ist die Schulung der Mitarbeiter.

Nachfolgend findet der Leser deshalb ein Literaturverzeichnis, damit er daraus zum vertiefenden Studium die für ihn geeignete Literatur auswählen kann:

Achleitner, Ann-Kristin/Behr, Giorgio: International Accounting Standards: Ein Lehrbuch zur internationalen Rechnungslegung. 293 Seiten, DM 58,—. München 1998

Baetge, Jörg/Dörner, Dietrich/Kleekämper, Heinz/Wollmert, Peter (Hrsg.): Rechnungslegung nach International Accounting Standards (IAS). Kommentar auf der Grundlage des deutschen Bilanzrechts. 1623 Seiten, DM 348,—. Stuttgart 1997

Ballwieser, Wolfgang (Hrsg.): US-amerikanische Rechnungslegung. Grundlagen und Vergleiche mit dem deutschen Recht. 3., überarbeitete und erweiterte Auflage. 395 Seiten, DM 89,—. Stuttgart 1998

Bellavite-Hövermann, Yvette/Prahl, Reinhard: Bankbilanzierung nach IAS. Leitfaden für eine internationale Konzernbilanzierung. 292 Seiten, DM 78,—. Stuttgart 1997

Born, Karl: Rechnungslegung international. Konzernabschlüsse nach IAS, US-GAAP, HGB und EG-Richtlinien. 714 Seiten, DM 148,—. Stuttgart 1997
(Eine aktualisierte und erweiterte Auflage ist für März 1999 geplant, die sämtliche in der Core-List der IOSCO enthaltenen Standards umfaßt.)

Busse von Colbe, Walther/Seeberg, Thomas (Hrsg.): Vereinbarkeit internationaler Konzernrechnungslegung mit handelsrechtlichen Grundsätzen. Empfehlungen des Arbeitskreises »Externe Unternehmensrechnung« der Schmalenbach-Gesellschaft – Deutsche Gesellschaft für Betriebswirtschaft e.V. ZfbF Sonderheft 39. 183 Seiten. Düsseldorf 1997

Demming, Claudia: Grundlagen der internationalen Rechnungslegung. Die Regelungen des IASC. (Wirtschaftswissenschaftliche Dissertation Universität-Gesamthochschule Paderborn). 399 Seiten, DM 74,—. München 1997

Haller, Axel/Walton, Peter/Raffournier, Bernhard (Hrsg.): Unternehmenspublizität im internationalen Wettbewerb. Ca. 600 Seiten, DM 58,—. Stuttgart 1998 (erscheint voraussichtlich im Herbst 1998)

Hayn, Sven: Internationale Rechnungslegung. Ursachen, Wertungen und Lösungsansätze zur Überwindung internationaler Rechnungslegungsdivergenzen. (Wirtschaftswissenschaftliche Dissertation Universität des Saarlandes). 674 Seiten, DM 148,—. Stuttgart 1998

International Accounting Standards Committee (Hrsg.): International Accounting Standards 1997. Deutsche Fassung. 707 Seiten, DM 98,—. Stuttgart 1998

Niehus, Rudolf J./Thyll, Alfred: Konzernabschluß nach US-GAAP. Grundlagen und Gegenüberstellung mit den deutschen Vorschriften. 449 Seiten, DM 98,—. Stuttgart 1998

Pellens, Bernhard unter Mitarbeit von Andreas Bonse, Rolf Uwe Fülbier, Joachim Gassen und Silke Sürken: Internationale Rechnungslegung. 2., überarbeitete und erweiterte Auflage. 590 Seiten, DM 58,—. Stuttgart 1998

Siebert, Henning: Grundlagen der US-amerikanischen Rechnungslegung. Ziele und Inhalte der Verlautbarungen der SEC und des FASB sowie ihre Unterschiede zum deutschen Bilanzrecht. (Juristische Dissertation Universität Bonn). 527 Seiten, DM 98,—. Köln 1996

IASC-Literatur:

Bound Volume of International Accounting Standards (erscheint jährlich). £ 41,—

The Information Package (Jahresabonnement), in dem die Publikationen IASC Insight (informiert 4x jährlich über die Tätigkeit des IASC), IASC Update (informiert 3-4x jährlich über die Ergebnisse der Board-Sitzungen) und IASC's Annual Review enthalten sind. £ 128,—

The Comprehensive Package (Jahresabonnement), das sämtliche obengenannten Veröffentlichungen zuzüglich der neuen International Accounting Standards, Exposure Drafts und Draft Statements of Principles sowie News From The SIC, SIC Draft Interpretations und Final Interpretations enthält. £ 268,—

SIC Interpretations (News From The SIC, SIC Draft Interpretations und Final Interpretations). £ 30,—

International Accounting Standards, Exposure Drafts, Draft Statements of Principles, andere Diskussionspapiere (einzeln erhältlich)

US-Literatur:

Carmichael J.R./Lilien, Steven B./Mellmann, Martin: Accountant's Handbook. Volume I und II. Eigth edition. Loseblatt-Ausgabe. John Wiley & Sons, Inc., New York u.a. 1996

Coopers & Lybrand. Herz, Robert H./Dittmar, Nelson W. Jr./Lis, Stephen J./ Decker, William E., Jr./Murray, Ronald J.: The Coopers & Lybrand SEC Manual. Seventh edition. John Wiley & Sons, Inc., New York u.a. 1997

Delaney, Patrick R./Adler, James R./Epstein, Barry J./Foran, Michael F.: GAAP 98. Interpretation and Application of Generally Accepted Accounting Principles 1998. 1012 Seiten. John Wiley & Sons, Inc., New York u.a. 1998 (erscheint jährlich)

Financial Accounting Standards Board: Original Pronouncement. Vol. I: FASB Statements of Standards. Vol. II: AICPA Pronouncements and FASB Interpretations, Concept Statements and Technical Bulletins, as of June 1, 1998

Kieso, Donald E./Weygandt, Jerry J.: Intermediate Accounting. Ninth edition. 1423 Seiten. John Wiley & Sons, Inc., New York u.a. 1998 (Lehrbuch)

Williams, Jan R.: 1998 Miller GAAP Guide. Restatement and Analysis of Current Promulgated GAAP. 1277 Seiten. Harcourt Brace & Company, San Diego u.a. 1998 (erscheint jährlich).

Wem das Literaturstudium zunächst zu trocken erscheint, kann zur weiteren Einführung in die Materie an einem Seminar teilnehmen, wie z.B.

Deutsches Institut der Betriebswirtschaft e.V. (dib), Frankfurt am Main: US-GAAP und IAS im Vergleich mit den deutschen GoB. Referenten: Ralf Broschulat, Brian Jantz, David Houser, Dr. Peter Wollmert. 2 Tage DM 1.850,— (Mitglieder DM 1.650,—)

Euroforum, Düsseldorf: Rechnungslegung deutscher Unternehmen nach IAS und US-GAAP. Referenten: Burkhard Eckes, Dieter Oppermann, Prof. Dr. Dieter Ordelheide, Bernd Schmid, Dr. Friedrich Siener. 2 Tage DM 2.495,— zuzüglich MWSt.

Leistungsakademie Bareither, Singen: Praxis der IAS- und US-GAAP-Bilanzierung. Referenten: Prof. Dr. Karlheinz Küting, Dr. Sven Hayn. 2 Tage DM 2.280,— (incl. Hotel und Verpflegung) zuzüglich MWSt.

Bundesverband der Bilanzbuchhalter und Controller e.V., Bonn: Verschiedene Seminare einzelner Landesverbände

VII. Praktische Beispiele für Unterschiede der Rechnungslegung nach IAS, US-GAAP und HGB

Welche bilanziellen Auswirkungen sich durch eine Umstellung von einer Bilanzierung nach dem HGB auf IAS oder US-GAAP ergeben, kann man aus einigen Geschäftsberichten deutscher Unternehmen entnehmen. Es wurden deshalb auf den folgenden Seiten Auszüge aus Geschäftsberichten deutscher Unternehmen wiedergegeben, die ihre Rechnungslegung umgestellt haben, und zwar

Bayer AG
erstmalige Anwendung von IAS zum 31.12.1994

Dyckerhoff AG
erstmalige Anwendung von IAS zum 31.12.1995

Heidelberger Zement AG
erstmalige Anwendung von IAS zum 31.12.1994

Hoechst AG
erstmalige Anwendung von IAS zum 31.12.1995

Merck KGaA
erstmalige Anwendung von IAS zum 31.12.1995

Veba AG
erstmalige Anwendung von US-GAAP zum 31.12.1994

Daimler-Benz AG
Überleitung von HGB auf US-GAAP zum 31.12.1995

Hoechst AG
Überleitung von IAS/HGB auf US-GAAP zum 31.12.1997

SAP AG
Überleitung von HGB auf US-GAAP anläßlich des Börsenganges in New York am 3. August 1998

1. Bayer AG

erstmalige Anwendung von IAS zum 31.12.1994
(Auszug aus Geschäftsbericht 1994, S. 48, 54 und S. 59)

Berücksichtigung der International Accounting Standards (IAS)

Der Konzernabschluß wird wie bisher nach den Vorschriften des deutschen Handelsrechts erstellt. Um eine über den nationalen Rahmen hinausgehende Vergleichbarkeit sicherzustellen, werden erstmals auch die am Bilanzstichtag geltenden Regeln des International Accounting Standards Committee, London, angewendet. Die Übereinstimmung mit dem deutschen Recht wird durch eine entsprechende Ausübung der bestehenden Bilanzierungs- und Bewertungswahlrechte erreicht. Sachverhalte, bei denen die Standards dem Vorsichts- und Realisationsprinzip nicht hinreichend gerecht werden, waren für den Konzernabschluß von geringer Bedeutung. Am Grundsatz einer vorsichtigen Bilanzierung wurde unverändert festgehalten.

Der Übergang auf die IAS hat dazu geführt, daß sich bei einer Reihe von Positionen die Wertansätze verändert haben. Insgesamt wurden allerdings das Eigenkapital und der Konzerngewinn kaum beeinflußt.

Im einzelnen resultieren aus der Umstellung folgende Erträge und Aufwendungen:

	Mio DM
Unterschied zwischen steuerlichen und linearen Abschreibungen auf Neuzugänge	236
Änderung der Erzeugnisbewertung	179
Auflösung der steuerlichen Sonderposten	55
Änderung der Währungsumrechnung	63
Neubewertung der Pensionsverpflichtungen	-696
Neubewertung der pensionsähnlichen Verpflichtungen	160
Latente Steuern	33
	30

Das Eigenkapital des Konzerns wurde durch die Umstellung der Währungsumrechnung per 1.1.1994 um 0,4 Mrd DM verringert. Die Neubewertung der Pensionsverpflichtungen ist im Ergebnis des Jahres 1994 verkraftet.

Bilanzierungs-, Bewertungs- und Ausweisänderungen

Die Bilanzierungs- und Bewertungsgrundsätze des Bayer Konzernabschlusses haben sich in folgenden Punkten geändert:

- Nicht mehr übernommen werden Wertansätze, die allein auf steuerlichen Vorschriften beruhen.
- Neu erworbene Gegenstände des Sachanlagevermögens werden einheitlich linear abgeschrieben.
- Bei der Vorratsbewertung werden angemessene Anteile der Kosten für betriebliche Altersversorgung und sonstige soziale Leistungen des Unternehmens berücksichtigt.
- Bei inländischen Konzerngesellschaften sind die Pensionsrückstellungen nach dem international üblichen Anwartschaftsverfahren (Projected-Unit-Credit-Methode) und nicht mehr nach der steuerlichen Teilwertmethode berechnet.
- Die Umrechnung der Abschlüsse ausländischer Konzerngesellschaften wird von der ergebnisneutralen Zeitbezugsmethode auf das in IAS 21 (The Effects of Changes in Foreign Exchange Rates) vorgesehene Konzept der Funktionalwährung umgestellt. Damit liegt der Umrechnung der Bilanzposten überwiegend der Währungskurs zum jeweiligen Abschlußstichtag zugrunde. In Hochinflationsländern erfolgt die Bilanzierung weiterhin auf Basis von Hartwährungsbuchhaltungen. Das Ergebnis des Geschäftsjahres wird nicht mehr mit dem Stichtagskurs, sondern als Saldo aller zu Durchschnittskursen umgerechneten Aufwendungen und Erträge ermittelt.
- Unter Finanzschulden werden Anleihen, Verbindlichkeiten gegenüber Kreditinstituten, Leasingverbindlichkeiten und Verbindlichkeiten aus Wechseln zusammengefaßt.
- Der Ausweis der latenten Steuern erfolgt unter der Position Übrige Forderungen und sonstige Vermögensgegenstände und nicht mehr unter den Rechnungsabgrenzungsposten.

Immaterielle Vermögensgegenstände

Selbsterstellte immaterielle Vermögensgegenstände werden nicht aktiviert, da die daraus resultierenden zukünftigen Erträge nicht mit hinreichender Sicherheit vorhersehbar sind.

2. Dyckerhoff AG

erstmalige Anwendung von IAS zum 31.12.1995
(Auszug aus Geschäftsbericht 1995, S.36, 37 und 50)

Bilanzierungs- und Bewertungsgrundsätze insbesondere im Zusammenhang mit der Umstellung auf die IAS (International Accounting Standards)

Der Konzernabschluß der Dyckerhoft AG ist nach den Vorschriften des Handelsgesetzbuches (HGB) aufgestellt. Des weiteren haben für Zwecke der internationalen Vergleichbarkeit und der wirtschaftlichen Darstellung der Vermögens-, Finanz- und Ertragslage des Konzerns erstmalig die zum Abschlußstichtag gültigen Standards des International Accounting Standards Committee (IASC) Anwendung gefunden. Für alle erkennbaren drohenden Verluste aus schwebenden Geschäften und ungewisse Verbindlichkeiten wurden Rückstellungen gebildet. Abweichend von den Grundsätzen des IASC wurden im Sinne der kaufmännischen Vorsicht Rückstellungen für unterlassene Instandhaltungsmaßnahmen beibehalten. Von dem Wahlrecht, bei der Neubewertung der Sachanlagen über die Anschaffungskosten hinauszugehen, wurde unter Beachtung des HGB kein Gebrauch gemacht. Alle steuerlichen Bilanzierungswahlrechte werden in den handels- und steuerrechtlichen Einzelabschlüssen weiterhin wahrgenommen; die IAS wurden lediglich für die Konzernbilanzierung angewendet.

Die Anpassung von Wahlrechten des HGB aufgrund der Umstellung auf die IAS zum 1.1.1995 ist in der Ergebnisrechnung des laufenden Jahres als außerordentliches Ergebnis berücksichtigt. Hierzu verweisen wir auf Punkt (33) der Erläuterungen zur Gewinn- und Verlustrechnung.

Neubewertung des Sachanlagevermögens

Eine wesentliche Bewertungsänderung ergab sich bei den Sachanlagen. Die Zeitdauer der Abnutzung der Anlagegüter des Geschäftsbereichs Zement sowie der in der Sparte Zement tätigen Gesellschaften des Geschäftsbereichs Luxemburg wurde an die international in der Zementindustrie üblichen Nutzungsdauern angepaßt. Die Abschreibungen wurden linearisiert. Der wirtschaftliche Werteverzehr in den Geschäftsbereichen Transportbeton und Ausbauprodukte stimmt weitestgehend mit den steuerlichen Abschreibungen überein. Die Bilanzierung der Sachanlagen folgt damit in allen vier Geschäftsbereichen betriebswirtschaftlichen Erwägungen; nicht mehr übernommen werden nunmehr Wertansätze, die allein auf steuerlichen Vorschriften beruhen.

Auflösung Sonderposten mit Rücklageanteil

Zur wirtschaftlich zutreffenden Darstellung der Vermögenslage wurden die in den Einzelbilanzen aufgrund rein steuerlicher Vorschriften gebildeten Sonderposten mit Rücklageanteil nicht in die Konzernbilanz übernommen. Diese Posten werden entsprechend ihres Charakters dem Eigen- oder Fremdkapital zugeordnet.

Neubewertung Pensionsrückstellungen

Die Verpflichtungen aus unmittelbaren Pensionszusagen wurden nach dem Anwartschaftsdeckungsverfahren unter Berücksichtigung von zukünftigen Entgelt- und Rentenanpassungen errechnet. Die Pensionsverpflichtungen sind mit 6 % abgezinst, als Trend werden für Bezüge und Pensionen 2 % berücksichtigt. Damit bemißt sich die Rückstellung nach dem wahrscheinlichen Endwert der bis zum Bewertungsstichtag erdienten Ansprüche und dient damit der betriebswirtschaftlichen Darstellung der Pensionsverpflichtungen.

Latente Steuern

Für zeitlich beschränkte Differenzen zwischen dem jeweiligen handelsrechtlichen Ergebnis der Einzelgesellschaften und dem Ergebnis nach Ausübung von Wahlrechten im Konzern aufgrund der Anpassung an die International Accounting Standards haben wir nach der »Liability-method« latente Steuern bilanziert, die in der Bilanz unter den Steuerrückstellungen ausgewiesen werden.

Außerordentliches Ergebnis aus der Umstellung auf die Bilanzierung nach IAS

Die Auswirkungen der Umstellung auf die Bilanzierung nach IAS zum 1. Januar 1995 zeigt die folgende Übersicht:

Umstellung auf IAS in TDM	**1.1.1995**
Firmenwerte aus Erstkonsolidierung	23.358
Neubewertung des Sachanlagevermögens	572.776
Auflösung Sonderposten	24.061
Neubewertung Rückstellungen	- 47.932
Latente Steuern	- 268.046
Außerordentliches Ergebnis aus der Umstellung auf die Bilanzierung nach IAS	**304.217**

3. Heidelberger Zement AG

erstmalige Anwendung von IAS zum 31.12.1994
(Auszug aus Geschäftsbericht 1994, S. 58–60)

Erstmalige Anwendung der International Accounting Standards (IAS)

Die Beachtung der IAS führt zu mehr Klarheit und einer besseren Vergleichbarkeit des Abschlusses von Heidelberger Zement im internationalen Bereich. Die Umstellung auf lineare Abschreibung entspricht internationaler Übung. Mit der Bilanzierung von Goodwills und der Abschreibung derselben über die Gewinn-und Verlustrechnung folgen wir dem internationalen Standard.

Der Konzernabschluß folgt einzig wirtschaftlichen Erwägungen. Rein steuerlich bedingte Bewertungsvorschriften, die keinen direkten wirtschaftlichen Hintergrund haben, werden im Konzernabschluß nicht berücksichtigt. (Beispiel 50% Sonderabschreibung in den neuen Bundesländern im Jahr der Investition).

Klarheit, Transparenz und Vergleichbarkeit des Konzernabschlusses entsprechen der Firmenphilosophie von Marktnähe, Offenheit, Verläßlichkeit und Qualität.

Die Aufstellung der handels- und steuerrechtlichen Einzelabschlüsse aller Gesellschaften nach jeweils nationalem Recht bleibt selbstverständlich von der Anwendung internationaler Standards der Rechnungslegung im handelsrechtlichen Jahresabschluß unberührt. Alle steuerlichen Bilanzierungswahlrechte werden ohne Einschränkung wahrgenommen.

Der folgende Überblick zeigt die Auswirkungen der Umstellungen auf die Bilanz von Heidelberger Zement zum 1. Januar 1994.

Umstellung auf IAS

(in Mio DM)	1.1.1994
Neubewertung des Sachanlagevermögens	889,6
Durchschnittsmethode bei Vorräten	15,5
Geänderte Pensionsbewertung	- 93,2
Auflösung Sonderposten	12,7
Zusätzliche Rückstellungen für Umweltvorsorge	- 8,0
Sonstige Änderungen	0,5
Latente Steuern	- 246,6
Erhöhung Eigenkapital	570,5
hiervon Anteile Fremder	- 57,9
Erhöhung der Gewinnrücklagen	512,6

Neubewertung des Sachanlagevermögens

Zur besseren Vergleichbarkeit im internationalen Rahmen gehen wir im Sachanlagevermögen auf die lineare Abschreibungsmethode über. Die Zeitdauer der Abnutzung wurde an die international in der Zementindustrie üblichen Nutzungsdauern angepaßt. Im Rahmen der umgekehrten Maßgeblichkeit von Steuerbilanz auf die deutsche Einzelbilanz wurden im Konzernabschluß bis zum Abschluß 1993 ausschließlich steuerlich bedingte Bewertungen fortgeführt. Die Bilanzierung nach IAS folgt nunmehr betriebswirtschaftlichen Erwägungen.

Durchschnittsmethode bei der Vorratsbewertung

Bei der Bewertung der Vorräte gehen wir von der Lifo-Bewertung auf die international übliche Bewertung zu gleitenden Durchschnittspreisen über.

Auflösung von Sonderposten mit Rücklageanteil

Wegen des Verzichts auf rein steuerlich bedingte Abschreibungen wurden die Sonderposten mit Rücklageanteil aufgelöst bzw. bei den entsprechenden Sachanlagepositionen aktivisch abgesetzt.

Erhöhung der Pensionsrückstellungen

Während nach der üblichen deutschen Bewertung nur die vertraglich fest zugesagten Ansprüche bilanziert werden, stellen wir nach IAS die betriebswirtschaftlich zu erwartenden und bis heute anteilig verdienten Ansprüche all jener Mitarbeiter dar, die einen Anspruch aller Voraussicht nach erhalten werden. Als das bei der Pensionsberechnung maßgebliche Entgelt gilt nicht wie in Deutschland üblich das Entgelt in 1994, sondern das dem Pensionsberechtigten aller Wahrscheinlichkeit nach zustehende Entgelt zum Zeitpunkt des Eintritts in den Ruhestand.

Ebenfalls werden erwartete Rentensteigerungen mit in die Berechnung einbezogen. Die Pensionen werden mit den für die jeweiligen Länder gültigen langfristigen Zinssätzen abgezinst.

Umweltrückstellungen

Wie von uns in vielen Publikationen dargestellt, bemühen wir uns um eine Erfassung von Umweltrisiken in der Bilanz. Für sämtliche erwarteten Risiken in diesem Bereich wurden über die bisherige Betrachtung hinausgehend Rückstellungen für Umweltvorsorge gebildet.

Latente Steuern

Heidelberger Zement folgt hier der international üblichen »liability method«. Dies bedeutet, daß für sämtliche Unterschiede zwischen Handels- und Steuerbilanz latente Steuern gebildet werden, unabhängig davon, ob sich diese Differenzen mit einer gewissen Wahrscheinlichkeit ausgleichen. Bei dieser Betrachtung wird dem Risiko Rechnung getragen, daß beim Verkauf von im Unternehmen befindlichen Vermögensgegenständen aufgrund eines Gewinns nur in der Steuerbilanz ein Steueraufwand entsteht, dem aufgrund einer höheren Bewertung in der Handelsbilanz kein entsprechender Eintrag gegenübersteht.

4. Hoechst AG

erstmalige Anwendung von IAS zum 31.12.1995
(Auszug aus Geschäftsbericht 1995, S. 59)

Erläuterungen zur Anwendung von IAS

Aus der Anwendung der IAS im Konzernabschluß 1995 resultieren im Vergleich zu bisherigen Bilanzierungs- und Bewertungsmethoden folgende Auswirkungen auf den Gewinn vor Ertragsteuern (Mio DM gerundet):

Bewertung von Vorräten und von Verlustkontrakten zum niedrigeren realisierbaren Wert	250
Ansatz linearer Abschreibungen bei Sachanlagenzugängen 1995 sowie Abschreibungen auf immaterielle Vermögensgegenstände	200
Einheitlicher Ansatz der kurzfristigen Fremdwährungsforderungen und -verbindlichkeiten zum Bilanzstichtagskurs	80
Entfall der Rückstellungen für Instandhaltungen	40
Ansatz der Pensionsverpflichtungen im Ausland nach IAS 19	-320
Ertrag im Berichtsjahr	**250**

5. Merck KGaA

erstmalige Anwendung von IAS zum 31.12.1995
(Auszug aus Geschäftsbericht 1995, S. 79–81)

Änderung der Bilanzierungs- und Bewertungsmethoden sowie Anwendung der Internationalen Accounting Standards

Um die internationale Vergleichbarkeit unseres Konzernabschlusses zu verbessern, werden erstmals die vom »International Accounting Standards Committee« herausgegebenen Standards (IAS) in der zum Bilanzstichtag geltenden Fassung angewandt. Von diesen Grundsätzen wurde lediglich in den folgenden Fällen abgewichen:

- Die weiter unten näher erläuterte Verrechnung von Firmenwerten wurde entsprechend der bis 31. Dezember 1994 geltenden Fassung der IAS vorgenommen.
- Der Verpflichtung nach IAS 7, den Erlös aus dem Verkauf von Beteiligungen offenzulegen, konnten wir im Falle der Veräußerung unserer Beteiligung an den Cascan-Gesellschaften nicht nachkommen, da mit dem Erwerber Stillschweigen vereinbart wurde.
- Entsprechend der Verpflichtung von IAS 31 nennen wir die Anteile an Vermögensgegenständen, Verbindlichkeiten sowie Umsatzerlösen von quotenkonsolidierten Unternehmen. Angaben zu den Anteilen an übrigen Erträgen oder Aufwendungen unterbleiben jedoch, da die Abschlüsse dieser Unternehmen zum Teil nicht publiziert werden.

Im einzelnen haben wir im Zusammenhang mit dem Übergang auf IAS die folgenden Änderungen unserer Bilanzierungs- und Bewertungsmethoden vorgenommen:

- Die zum 31. Dezember 1994 bilanzierten **Firmenwerte aus der Konsolidierung** der in den letzten Jahren erworbenen Unternehmen in Höhe von 803,4 Mio DM wurden vollständig mit den Rücklagen verrechnet. Darüber hinaus wurden Firmenwerte in Höhe von 509,8 Mio DM, die zum 31. Dezember 1994 bereits im Rahmen der Equity Bilanzierung aktiviert waren, nach den gleichen Grundsätzen mit den Rücklagen verrechnet. Alle nach diesem Zeitpunkt entstehenden Firmenwerte werden entsprechend IAS 22 in der aktuellen Fassung aktiviert und abgeschrieben.
- Die bei der Abschreibung des **Sachanlagevermögens sowie der Immateriellen Vermögensgegenstände** innerhalb der Merck-Gruppe ange-

wandten Abschreibungszeiträume wurden vereinheitlicht. Bisher haben sich die bei den deutschen Gesellschaften angewandten Abschreibungsmethoden auch für den Konzernabschluß an den steuerlichen Möglichkeiten orientiert, während bei den ausländischen Gesellschaften der Merck-Gruppe die Abschreibungen dem tatsächlichen Nutzungsverlauf der Vermögensgegenstände entsprachen. Nunmehr werden bei allen Gesellschaften der Merck-Gruppe die Abschreibungen entsprechend dem tatsächlichen Nutzungsverlauf bemessen. Diese Umstellung führt zu einer Erhöhung des Restbuchwertes der Sachanlagen und der Immateriellen Vermögensgegenstände per 1. Januar 1995 um 430,3 Mio DM.

- Auch die Berechnung der **Rückstellungen für Pensionen und ähnliche Verpflichtungen** erfolgte bisher nach den steuerlichen Grundsätzen (§ 6a EStG). Die Umstellung auf eine Berechnung entsprechend IAS 19 führt zum 1. Januar 1995 zu einer um 97,7 Mio DM höheren Rückstellung. Weitere 11,1 Mio DM ergeben sich aus der entsprechenden Umstellung der Jubiläumsrückstellung.

- Bisher wurde die **Währungsumrechnung** der in ausländischer Währung aufgestellten Abschlüsse der einbezogenen Gesellschaften überwiegend nach der Zeitbezugsmethode vorgenommen. Dabei kamen beim Sachanlagevermögen historische Kurse zur Anwendung. Entsprechend IAS 21 erfolgt die Umrechnung nunmehr zu Stichtagskursen. Das Anlagevermögen wird dadurch um 53,9 Mio DM niedriger ausgewiesen als bisher.

- Aus der im Rahmen der Umstellung auf IAS notwendigen Auflösung der Pauschalwertberichtigung auf Forderungen sowie der Anwendung der Stichtagskursmethode bei der Umrechnung von Forderungen und Verbindlichkeiten in Fremdwährung ergaben sich nur geringe Effekte.

Insgesamt ergaben sich damit die folgenden Anpassungen:

Verrechnung von Firmenwerten	-1313,2
Sachanlagen und Immaterielle Vermögensgegenstände	430,3
Pensionsrückstellungen	-97,7
Jubiläumsrückstellungen	-11,1
Umstellung der Währungsumrechnung	-53,9
Sonstiges	-13,1
Veränderung im Eigenkapitalausweis	**-1058,7**

Sämtliche Anpassungen haben wir nach § 252 Abs. 2 HGB zum 1. Januar 1995 mit den Rücklagen verrechnet. Für diese erfolgsneutrale Behandlung waren folgende Gründe maßgebend: Der Übergang auf IAS steht im engen Zusammenhang mit dem Börsengang von Merck und den damit verbundenen weitreichenden Veränderungen der Konzernstruktur (Ausgliederung der Merck KGaA aus E. Merck sowie Rückerwerb der Aktien der Merck AG, Zug/Schweiz). Für die Merck-Gruppe war damit zum 1. Januar 1995 eine neue Basis für die Erfolgsermitttlung zu legen. Diese Vorgehensweise haben wir bereits in unserem Verkaufsprospekt für die Börseneinführung der Aktien der Merck KGaA im Herbst 1995 beschrieben.

Mit der erfolgsneutralen Umstellung, die der Präferenz des IAS 8 entspricht, wird die Vermögenslage richtig dargestellt und gleichzeitig die Voraussetzung für die Vergleichbarkeit künftiger Periodenergebnisse geschaffen. Die Erfolgsneutralität der Anpassungen gewährleistet dabei auch im Umstellungsjahr den wirtschaftlich richtigen Periodengewinn. Auch bei unveränderter Anwendung der bisherigen Bilanzierungs- und Bewertungsmethoden hätte sich kein nennenswert anderes Jahresergebnis ergeben. Die Vorjahreszahlen wurden deshalb nicht angepaßt.

Ferner wurde die Gliederung der Gewinn- und Verlustrechnung zur Verbesserung der Aussagefähigteit verändert. In den Aufwands- und Ertragspositionen vor der neuen Zwischensumme »Ergebnis der Unternehmensbereiche« werden die laufenden Aufwendungen und Erträge den Unternehmensbereichen direkt bzw. mit verursachungsgerechten Schlüsseln zugeordnet.

Andere Aufwendungen und Erträge, die nicht direkt oder nur mit allgemeinen Schlüsseln den Unternehmensbereichen zugeordnet werden könnten sowie Aufwendungen und Erträge aus Sondervorgängen werden in der neuen Position »allgemeine Aufwendungen und Erträge« ausgewiesen. Die Vorjahreszahlen wurden dementsprechend angepaßt.

6. Veba AG

erstmalige Anwendung von US-GAAP zum 31.12.1994
(Auszug aus Geschäftsbericht 1995, S. 81-83, 86-96, 98-105)

Der Jahresabschluß der Veba AG ist besonders informativ, da er sowohl

- die Anpassungen der Bilanzierung nach dem HGB an die US-GAAP enthält, soweit sie im Rahmen der Ausübung von Wahlrechten nach deutschem Handelsrecht zulässig sind, als auch
- die Angaben für diejenigen Bilanzierungssachverhalte enthält, für die eine Anwendung von US-GAAP nicht zulässig ist.

Außerdem wird der Konzernanhang um die nach US-GAAP vorgesehenen Angaben ergänzt.

Nachstehend sind Auszüge aus dem Geschäftsbericht wiedergegeben, die die zulässigen und nicht zulässigen Anpassungen an die US-GAAP betreffen.

Generelle Vorgehensweise

Der Konzernabschluß der VEBA AG ist nach den Vorschriften des Handelsgesetzbuches (HGB) und des Aktiengesetzes (AktG) aufgestellt. Im Zuge der weiteren Internationalisierung der VEBA-Konzemrechnungslegung wurden bei der Bilanzierung und Bewertung die am Abschlußstichtag geltenden US-amerikanischen »Generally Accepted Accounting Principles« (US-GAAP) beachtet, soweit dies im Rahmen der Ausübung von Wahlrechten nach deutschem Handelsrecht zulässig ist.

Zusätzlich zu den in der Konzern-Bilanz und -Gewinn- und Verlustrechnung zulässigen Anpassungen der Bilanzierung und Bewertung enthält der Konzernabschluß Angaben für diejenigen Bilanzierungssachverhalte, für die aufgrund zwingender handelsrechtlicher Vorschriften eine Anwendung von US-GAAP nicht zulässig ist.

Darüber hinaus wurde der Konzernanhang um nach US-GAAP vorgeschriebene Angaben ergänzt.

Anpassung der Bilanzierungs- und Bewertungsgrundsätze

Die im VEBA-Konzernabschluß bisher angewandten Bilanzierungs- und Bewertungsgrundsätze wurden zum 1.1.1995 in folgenden Punkten angepaßt, um US-GAAP zu entsprechen:

Bei der Bewertung des Anlagevermögens werden die in Übereinstimmung mit den früheren steuerlichen Ermessensspielräumen gewählten Abschreibungsdauern der Kraftwerke und Verteilungsanlagen an die nunmehr einheitliche handelsrechtliche Abschreibungsdauer angepaßt.

Ab dem 1.1.1995 werden in die Herstellungskosten von Sachanlagen die auf die Bauzeit entfallenden Fremdkapitalzinsen einbezogen.

Bei der Bewertung der Verpflichtungen aus der betrieblichen Altersversorgung sind die Pensionsrückstellungen nach dem international üblichen Anwartschaftsbarwertverfahren (Projected-Unit-Credit-Method) ermittelt. Die grundlegenden Unterschiede zum bisher angewandten Teilwertverfahren gemäß § 6a EStG bestehen in der Berücksichtigung der erwarteten zukünftigen Gehalts- und Rentensteigerungen sowie der Zugrundelegung eines am langfristigen Kapitalmarktzins orientierten Diskontierungssatzes.

Auf die vorgenannten Anpassungen werden Steuerabgrenzungen vorgenommen. Für die Berechnung der latenten Steuern wird bei inländischen Gesellschaften der Thesaurierungssteuersatz, bei ausländischen Gesellschaften der jeweilige lokale Steuersatz zugrundegelegt.

Im Rahmen der Equity-Bewertung werden auch die Abschlüsse der wesentlichen at equity bewerteten Unternehmen den neuen Bilanzierungs- und Bewertungsgrundsätzen angepaßt.

Die Abschlüsse der vollkonsolidierten ausländischen Tochterunternehmen sowie das anteilige Eigenkapital der ausländischen assoziierten Unternehmen werden entsprechend dem Konzept der funktionalen Währung umgerechnet. Die Umrechnung der Aufwendungen und Erträge erfolgt mit den Jahresdurchschnittskursen, statt wie bisher mit den Stichtagskursen.

Die Anpassungen der VEBA-Konzernrechnungslegung an US-GAAP führten zum 1.1.1995 einmalig zu einem zusätzlichen Ergebnis von DM 600 Mio. Hiervon wurden DM 530 Mio in Gewinnrücklagen und DM 70 Mio in Anteile anderer Gesellschafter am Kapital eingestellt. Sie sind in einem gesonderten Posten in der Gewinn- und Vedustrechnung ausgewiesen.

Die Auswirkungen aus den Bewertungsanpassungen auf das Geschäftsjahr 1995 sind bei den entsprechenden Einzelposten der Gewinn- und Verlustrechnung berücksichtigt.

Vorjahresvergleichbarkeit

Aus Gründen der Vergleichbarkeit wurden die Zahlen des Geschäftsjahres 1994 im Konzernabschluß entsprechend an die veränderten Grundsätze der Bilanzierung, Bewertung und Offenlegung angepaßt. Hierdurch haben sich das vergleichbar ermittelte Jahresergebnis 1994 um DM 49 Mio (+3,2%) auf DM 1.578 Mio und das Eigenkapital zum 31.12.1994 um DM 600 Mio (+3,4%) auf DM 18.100 Mio erhöht.

Die bilanziellen Anpassungen haben sich zum 31.12.1994/1.1.1995 im einzelnen wie folgt ausgewirkt:

Vergleichbare Bilanz des VEBA-Konzerns zum 31.12.1994 (in Mio DM)

Aktiva

	Bilanz gemäß veröffentlichtem Konzernabschluß zum 31.12.1994	Bilanz nach Bewertungs-anpassungen zum 31.12.1994	Veränderung
Immaterielle Vermögensgegenstände	2.169	2.169	–
Sachanlagen	24.944	27.071	2.127
Finanzanlagen	11.601	11.744	143
Anlagevermögen	**38.714**	**40.984**	**2.270**
Vorräte	4.917	4.917	–
Forderungen und sonstige Vermögensgegenstände	11.903	11.903	–
Liquide Mittel	4.195	4.195	–
Umlaufvermögen	**21.015**	**21.015**	**–**
Rechnungsabgrenzungsposten	**126**	**126**	**–**
	59.855	**62.125**	**2.270**

Passiva

Gezeichnetes Kapital	2.430	2.430	–
Kapitalrücklage	3.788	3.788	–
Gewinnrücklagen	8.630	9.160	530
Konzerngewinn	729	729	–
Anteile anderer Gesellschafter	1.923	1.993	70
Eigenkapital	**17.500**	**18.100**	**600**
Pensionsrückstellungen	6.880	7.700	820
Übrige Rückstellungen	19.646	20.402	756
Rückstellungen	**26.526**	**28.102**	**1.576**
Finanzverbindlichkeiten	3.910	3.910	–
Übrige Verbindlichkeiten	11.738	11.832	94
Verbindlichkeiten	**15.648**	**15.742**	**94**
Rechnungsabgrenzungsposten	**181**	**181**	**–**
	59.855	**62.125**	**2.270**

Vergleichbare Gewinn- und Verlustrechnung (GuV) des VEBA-Konzern 1994 (in Mio DM)

	GuV gemäß veröffentlichtem Konzernabschluß für 1994	GuV nach Bewertungs-anpassungen für 1994	Veränderung
Umsatzerlöse	71.044	71.292	248
Mineralölsteuer	-6.051	-6.051	
Herstellungskosten	-56.635	-56.769	-134
Bruttoergebnis vom Umsatz	**8.358**	**8.472**	**114**
Vertriebskosten	-5.041	-5.064	-23
Allgemeine Verwaltungskosten	1.684	-1.679	5
Sonstige betriebliche Erträge	2.648	2.651	3
Sonstige betriebliche Aufwendungen	-2.358	-2.446	-88
Betriebliches Ergebnis	**1.923**	**1.934**	**11**
Finanzergebnis	**935**	**937**	**2**
Ergebnis der gewöhnlichen Geschäftstätigkeit	**2.858**	**2.871**	**13**
Abschreibungen auf Firmenwerte aus der Konsolidierung	-321	-321	–
Jahresüberschuß vor Ertragsteuern	**2.537**	**2.550**	**13**
Steuern vom Einkommen und vom Ertrag	-1.008	-972	36
Jahresüberschuß	**1.529**	**1.578**	**49**
Anteile anderer Gesellschafter am Jahresüberschuß	-193	-212	-19
Konzernüberschuß (Anteil VEBA)	**1.335**	**1.366**	**30**

Abweichungen zu US-GAAP

Für diejenigen Bilanzierungssachverhalte, für die aufgrund zwingender deutscher Vorschriften eine Anwendung von US-GAAP nicht zulässig ist, werden bei der Erläuterung der einzelnen Posten der Bilanz und der Gewinn- und Verlustrechnung die Ergebnis- und Eigenkapitalauswirkungen angegeben, die sich bei vollständiger Rechnungslegung nach US- GAAP ergeben. Hierbei handelt es sich im VEBA-Konzernabschluß um folgende Sachverhalte:

Aktivierung von auf die Bauzeit von Sachanlagen bis einschließlich 1994 entfallenden Fremdkapitalzinsen als Bestandteil der Herstellungskosten; siehe Erläuterungen zu Textziffer (1).

Bewertung bestimmter Wertpapiere und sonstiger Beteiligungen zu Marktwerten; siehe Erläuterungen zu Textziffern (1) und (4).

Berücksichtigung unrealisierter Gewinne im Rahmen der Nutzung von Finanzinstrumenten und der Fremdwährungsumrechnung; siehe Erläuterungen zu Textziffern (3), (13) und (25).

Ansatz latenter Steuern auf alle temporären Differenzen und steuerlichen Verlustvorträge; siehe Erläuterungen zu Textziffer (12).

US-GAAP-Anpassungen im Rahmen der Equity-Bewertung; siehe Erläuterungen zu Textziffer (1).

Behandlung von Aufwendungen im Zusammenhang mit Börseneinführungen; siehe Erläuterungen zu Textziffer (16).

Der VEBA-Konzernanhang wurde um Angaben ergänzt, die nach US-GAAP vorgeschrieben sind.

Prüfungsergebnis nach US-GAAP

Der Abschlußprüfer hat die nach US-GAAP erforderliche Bilanzierung, Bewertung und die Pflichtangaben im Anhang geprüft und gesondert im Prüfungsbericht als nach US-GAAP zutreffend bestätigt.

(1) Anlagevermögen

Die Aufgliederung der in der Konzernbilanz zusammengefaßten Anlagepositionen sowie die Entwicklung der Anschaffungskosten und Wertberichtigungen sind auf den Seiten 78 und 79 dargestellt. Von den Zugängen bei Sachanlagen und immateriellen Vermögensgegenständen entfielen auf die Bereiche:

(in Mio DM)	1995	1994
Strom	2.493	2.662
Chemie	936	900
Öl	131	136
Handel/Verkehr/Dienstleistungen	1.058	1.178
Telekommunikation	377	41
Sonstige	35	59
	5.030	**4.976**

Auf Gegenstände des Anlagevermögens wurden außerplanmäßige Abschreibungen in Höhe von DM 379 Mio (Vorjahr DM 223 Mio) vorgenommen.

Im Sachanlagevermögen werden erstmalig die in 1995 auf die Bauzeit entfallenden Fremdkapitalzinsen in Höhe von DM 162 Mio aktiviert.

Bei vollständiger Rechnungslegung nach US-GAAP sind auch die bis einschließlich 1994 angefallenen Fremdkapitalzinsen im Sachanlagevermögen zu aktivieren. Hierdurch verändern sich der Jahresüberschuß um DM –107 Mio (Vorjahr DM 2 Mio) und das Eigenkapital zum 31.12.1995 kumuliert um DM 629 Mio (Vorjahr DM 758 Mio).

Bei der Anwendung der Equity-Bewertung auf Beteiligungszugänge ergaben sich aktive Unterschiedsbeträge von insgesamt DM 485 Mio (Vorjahr DM 244 Mio) sowie passive Unterschiedsbeträge von insgesamt DM 0 Mio (Vorjahr DM 484 Mio).

Bei vollständiger Anwendung von US-GAAP auf die at equity bewerteten und in den Konzernabschluß einbezogenen Gesellschaften erhöhen sich der Jahresüberschuß um DM 138 Mio (Vorjahr DM 51 Mio) und das Eigenkapital zum 31.12. 1995 kumuliert um DM 417 Mio (Vorjahr DM 257 Mio).

Die Buchwerte und Marktwerte der sonstigen Beteiligungen und Wertpapiere des Anlagevermögens setzen sich wie folgt zusammen:

(in Mio DM)	1995			1994		
Weiterveräußerbare Wertpapiere	Buch-werte	Markt-werte	unrealisierte Gewinne	Buch-werte	Markt-werte	unrealisierte Gewinne
Wertpapiere mit fester Fälligkeit	613	665	52	616	616	–
Investmentfonds	2.401	2.611	210	2.041	2.121	80
Sonstige Beteiligungen und übrige Wertpapiere	3.500	4.116	616	851	1.372	521
	6.514	**7.392**	**878**	**3.508**	**4.109**	**601**

Aus dem Verkauf von weiterveräußerbaren Wertpapieren wurden Veräußerungserlöse in Höhe von DM 113 Mio (Vorjahr DM 17 Mio) und Veräußerungsgewinne in Höhe von DM 7 Mio (Vorjahr DM 0 Mio) erzielt.

Nach US-GAAP erhöhen unrealisierte Gewinne aus der Bewertung dieser Wertpapiere zu Marktwerten das Eigenkapital zum 31.12.1995 kumuliert um DM 878 Mio (Vorjahr DM 601 Mio).

Für Wertpapiere mit fester Fälligkeit ergeben sich zum 31.12.1995 folgende Fälligkeiten:

(in Mio DM)	Buchwert	Marktwert
Fällig innerhalb eines Jahres	2	2
Fällig zwischen 1 und 5 Jahren	28	36
Fällig nach 5 Jahren	583	633
	613	**665**

Die Ausleihungen setzen sich wie folgt zusammen:

		1995		1994
	Mio DM	Zinssatz	Fälligkeit	Mio DM
Ausleihungen an verbundene Unternehmen	87	bis 11,0%	bis 2010	80
Ausleihungen an Unternehmen mit denen ein Beteiligungsverhältnis besteht	1.208	bis 8,8%	bis 2006	1.089
Sonstige Ausleihungen	1.077	bis 8,2%	bis 2017	1.217
	2.367	2.386		

(in Mio DM)	1995	1994
Roh-, Hilfs- und Betriebsstoffe in den Bereichen		
Strom	931	953
Chemie	235	276
Öl	192	238
Übrige	106	97
	1.464	**1.562**
Unfertige Leistungen	305	304
Erzeugnisse in den Bereichen		
Chemie	988	754
Öl	185	157
Übrige	53	54
	1.226	**965**
Handelswaren	**2.168**	**2.059**
Geleistete Anzahlungen	**28**	**27**
	5.191	**4.917**

Die unfertigen Erzeugnisse sind mit den fertigen Erzeugnissen zusammen ausgewiesen, weil sie bei der Bewertung nach der Lifo-Methode zusammengefaßt werden.

In den Roh-, Hilfs- und Betriebsstoffen sind Brennstoffvorräte des Strombereiches von DM 268 Mio (Vorjahr DM 238 Mio) sowie Rohölvorräte von DM 123 Mio (Vorjahr 159 Mio) enthalten.

Vorräte in Höhe von DM 1.443 Mio (Vorjahr DM 1.488 Mio) sind nach der Lifo Methode bewertet. Der Unterschiedsbetrag zwischen der Bewertung zu Lifo und höheren Wiederbeschaffungs-/Wiederherstellungskosten beträgt DM 137 Mio (Vorjahr DM 165 Mio).

(in Mio DM)	1995	davon Restlaufzeit über 1 Jahr	1994	davon Restlaufzeit über 1 Jahr
Forderungen aus Lieferungen und Leistungen	7.317	9	7.542	7
Forderungen gegen verbundene Unternehmen	350	5	199	5
Forderungen gegen Unternehmen, mit denen ein Beteiligungsverhältnis besteht	1.289	t 39	1.230	182
Rückdeckungsanspruch gegen Preußische Elektrizitätswerke Versicherungsverein auf Gegenseitigkeit	863	826	826	790
SonstigeVermögensgegenstände	2.937	769	2.106	190
	12.756	**1.748**	**11.903**	**1.174**

Die sonstigen Vermögensgegenstände enthalten vor allem kurzfristige Ausleihungen, Zuschußansprüche nach dem Dritten Verstromungsgesetz und Steuererstattungsansprüche.

Nach US-GAAP verändern sich im Rahmen der Umrechnung von Fremdwährungsforderungen zum Stichtagskurs das Jahresergebnis um DM – 1 Mio (Vorjahr DM – 16 Mio) und das Eigenkapital zum 31.12.1995 kumuliert um DM 3 Mio (Vorjahr DM 4 Mio).

Aus der Kundenstruktur des Konzerns ergeben sich – mit Ausnahme der Region Deutschland – keine wesentlichen Konzentrationen auf bestimmte weitere geographische Regionen. Es ergeben sich keine wesentlichen Konzentrationen auf bestimmte Geschäftsbereiche. Aufgrund der großen Anzahl von Kunden und der Vielzahl der Geschäftsaktivitäten gibt es keine Kunden, deren Geschäftsvolumen im Vergleich zum Gesamtgeschäftsvolumen des Konzerns wesentlich ist.

(in Mio DM)	1995	1994
Wertpapiere	677	634
Flüssige Mittel	3.485	3.561
	4.162	**4.195**

In den flüssigen Mitteln sind Schecks, Kassenbestände, Bundesbankguthaben sowie Guthaben bei Kreditinstituten enthalten.

Die Wertpapiere des Umlaufvermögens bestehen überwiegend aus Investmentfondsanteilen.

Die Buchwerte und Marktwerte der Wertpapiere des Umlaufvermögens setzen sich wie folgt zusammen:

(in Mio DM)	1995			1994		
Weiterveräußerbare Wertpapiere	Buchwerte	Marktwerte	unrealisierte Gewinne	Buchwerte	Marktwette	unrealisierte Gewinne
Wertpapiere mit fester Fälligkeit	134	148	14	226	252	26
Investmentfonds	442	488	46	397	413	16
Übrige Wertpapiere	101	220	119	11	13	2
	677	**856**	**179**	**634**	**678**	**44**

Aus dem Verkauf von weiterveräußerbaren Wertpapieren wurden Veräußerungserlöse von DM 26 Mio (Vorjahr DM 107 Mio) sowie Veräußerungsgewinne in Höhe von DM 0 Mio (Vorjahr DM 18 Mio) erzielt.

Nach US-GAAP erhöhen unrealisierte Gewinne aus der Bilanzierung dieser Wertpapiere zu Marktwerten das Eigenkapital zum 31. 12. 1995 kumuliert um DM 179 Mio (Vorjahr DM 44 Mio).

Wertpapiere mit fester Fälligkeit hatten zum 31. 12. 1995 folgende Fälligkeiten:

(in Mio DM)	Buchwert	Marktwert
Fällig innerhalb eines Jahres	1	1
Fällig zwischen 1 und 5 Jahren	59	53
Fällig nach 5 Jahren	83	94
	134	**148**

In 1995 wurden für die Ausgabe von Belegschaftsaktien im Konzern 1.195.890 VEBA-Aktien zu je DM 5 (nominal DM 6 Mio = 0,24 % des gezeichneten Kapitals) über die Börse zum durchschnittlichen Anschaffungspreis von DM 55,19 je Aktie erworben und zu Vorzugspreisen zwischen je DM 26,25 und DM 46,35 an 44.170 Mitarbeiter weitergegeben.

(9) Anteile anderer Gesellschafter

Die Anteile anderer Gesellschafter am Eigenkapital sowie an Bilanzgewinnen und -verlusten der einbezogenen Tochterunternehmen teilen sich auf folgende Unternehmensbereiche auf:

(in Mio DM)	1995	1994
Strom	1.967	1.833
Chemie	535	51
Handel/Verkehr/Dienstleistungen	101	106
Telekommunikation	857	1
Sonstige	2	2
	3.462	**1.993**

Im Chemiebereich ergibt sich die Erhöhung der Anteile anderer Gesellschafter im wesentlichen durch die Börsenplazierung der im Rahmen einer Kapitalerhöhung ausgegebenen Aktien der MEMC Inc. Die Erhöhung der Anteile anderer Gesellschafter im Bereich Telekommunikation ergibt sich vor allem aus dem im Rahmen einer Kapitalerhöhung erfolgten Anteilserwerb in Höhe von 45% an der VEBACOM GmbH durch Cable and Wireless plc.

Nach US-GAAP sind die Anteile anderer Gesellschafter nicht Bestandteil des Jahresergebnisses und des Eigenkapitals. Die zu den einzelnen Bilanzposten angegebenen Ergebnis- und Eigenkapitalauswirkungen bei vollständiger Rechnungslegung nach US-GAAP entfallen mit DM 195 Mio (Vorjahr DM 7 Mio) auf die Anteile anderer Gesellschafter am Jahresergebnis und mit DM 228 Mio (Vorjahr DM 97 Mio) auf den Anteil anderer Gesellschafter am Eigenkapital zum Bilanzstichtag.

(10) Eigenkapitalentwicklung

(in Mio DM)	Gezeichnetes Kapital	Kapital-rücklage	Gewinn-rücklagen	Konzern-gewinn	Anteile anderer Gesell-schafter	1995 Ins-gesamt	1994 Ins-gesamt
Stand 31.12.1994	2.430	3.788	8.630	729	1.923	17.500	16,554
Bewertungsanpassungen			530		70	600	
Stand 1.1.	2.430	3.788	9.160	729	1.993	18.100	16.554
Ausnutzung des bedingten Kapitals durch Ausübung von Optionsrechten aus der Optionsanleihe 1993/2000 der VEBA INTERNAT. FINANCE B.V.	11	71				82	–
Dividende der VEBA AG für das Vorjahr				- 729		- 729	- 632
Einstellung in Gewinn-rücklagen aus dem Jahresüberschuß			1.085		369	1.454	957
Vorgeschlagene Dividende der VEBA AG für das Geschäftsjahr				830		830	729
Differenz aus der Währungsumrechnung			-112		- 6	- 118	- 178
Übrige Veränderungen			228		1.106	1.334	70
Stand 31.12.	**2.441**	**3.859**	**10.351**	**830**	**3.462**	**20.953**	**17.500**

(11) Pensionsrückstellungen

Für die Höhe der individuellen Versorgungsleistungen ist grundsätzlich die Dauer der Dienstzugehörigkeit maßgeblich; für Angestellte bemißt sich die Altersrente nach den Bezügen der letzten Dienstjahre, für gewerbliche Arbeitnehmer nach Festbetragsstaffeln. Die Finanzierung leistungsorientierter Versorgungszusagen – bei denen das Unternehmen einen bestimmten Versorgungsumfang garantiert – erfolgt im wesentlichen durch Bildung von Rückstellungen.

Die Bewertung der Versorgungsverpflichtungen und der zur Deckung dieser Verpflichtungen notwendigen Aufwendungen erfolgt nach dem gemäß US-GAAP vorgeschriebenen Anwartschaftsbarwertverfahren (Projected-Unit-Credit-Method).

Hierbei werden nicht nur die am Stichtag bekannten Renten und Anwartschaften, sondern auch künftige Steigerungen dieser Bemessungsgrößen bei der Bewertung berücksichtigt. Die Verpflichtungen und Aufwendungen werden somit im allgemeinen vorsichtiger bemessen als nach dem Teilwertverfahren gemäß § 6 a EStG, das zu handelsrechtlichen Mindestansätzen führt.

Der Gesamtaufwand für leistungsorientierte Versorgungszusagen setzt sich gemäß versicherungsmathematischer Bewertung wie folgt zusammen:

(in Mio DM)	1995	1994
Aufwand für die im Wirtschaftsjahr hinzuerworbenen Versorgungsansprüche (Service Cost)	184	183
Kalkulatorischer Zinsaufwand der bereits erworbenen Ansprüche (Interest Cost)	575	513
Zinserträge aus ausgegliederten Vermögenswerten (Return on Plan Assets)	26	-
Gesamtkosten (Net Periodic Pension Cost)	**785**	**696**

Für beitragsorientierte Versorgungszusagen – bei denen das Unternehmen fest vereinbarte Beiträge an externe Versorgungsträger zahlt – sowie für sonstige Altersversorgungsverpflichtungen wurden zusätzlich DM 121 Mio (Vorjahr DM 149 Mio) aufgewendet.

Im folgenden wird der Finanzierungsstand des Versorgungswerks, gemessen am vollen Verpflichtungsumfang, der sogenannten Projected Benefit Obligation (PBO), beschrieben:

(in Mio DM)	1995	1994
Barwert der Anwartschaften und Renten aus		
unverfallbaren Versorgungsansprüchen	7.141	6.741
noch verfallbaren Versorgungsansprüchen	168	117
Anwartschaftsbarwert aller Versorgungsansprüche – ohne Berücksichtigung künftiger Gehaltssteigerungen (Accumulated Benefit Obligation)	7.309	6.858
Effekt künftiger Gehaltssteigerungen	944	997
Ausgegliederte Vermögenswerte	-167	-155
Anpassungsbetrag aufgrund versicherungs~ mathematischer Verluste/Gewinne	-53	–
Pensionsrückstellungen	**8.033**	**7.700**

Die Rückstellungen für Pensionen sind entsprechend US-GAAP ermittelt und um DM 977 Mio (Vorjahr DM 820 Mio) höher als der Teilwert gemäß § 6 a EStG.

Aufgrund des ermäßigten Kapitalmarktzinsniveaus war die Bewertung der Versorgungsverpflichtungen im Berichtsjahr mit einem verringerten Zinssatz von 7,0 % (Vorjahr 7,5%) vorzunehmen. Hierdurch ergab sich in 1995 ein Anpassungsbetrag aufgrund versicherungsmathematischer Verluste in Höhe von DM 53 Mio.

Der Anwartschaftsbarwert aller Versorgungsansprüche mit Berücksichtigung künftiger Gehaltssteigerungen (Projected Benefit Obligation) beträgt zum 31.12.1995 DM 8.253 Mio (Vorjahr DM 7.855 Mio).

Bei der Ermittlung der versicherungsmathematischen Werte wurden für Verpflichtungen die Richttafeln von Klaus Heubeck mit folgenden Annahmen zugrunde gelegt:

	1995	1994
Zinssatz	7,0 %	7,5 %
Gehaltstrend	3,5 %	4,0 %
Rententrend	2,0 %	2.5 %

In den Pensionsrückstellungen sind die Verpflichtungen für die Krankenversorgungsansprüche von Betriebsrentnern der US-Gesellschaften in Höhe von DM 88 Mio (Vorjahr DM 85 Mio) enthalten.

(12) Übrige Rückstellungen

(in Mio DM)	1995	1994
Rückstellungen für Entsorgung im Kernenergiebereich	9.950	8.903
Steuerrückstellungen	4.529	3.779
davon für latente Steuern	(2.718)	(2.626)
Rückstellungen für Personalaufwendungen	1.913	1.607
Passiver Unterschiedsbetrag aus der Kapitalkonsolidierung	1.014	78
Rückstellungen für noch nicht abgerechnete Lieferungen und Leistungen	1.002	1.085
Rückstellungen für Umweltschutzmaßnahmen	868	835
Rückstellungen für Bergschäden	377	352
Sonstige	3.470	3.763
	23.123	**20.402**

Mit den Rückstellungen für Entsorgung im Kernenergiebereich wurden DM 1.402 Mio (Vorjahr DM 1.431 Mio) geleistete Anzahlungen verrechnet.

Die Rückstellungen für latente Steuern betreffen hauptsächlich die Effekte aus der HGB/US-GAAP-Anpassung sowie die Steueranteile von nur steuerrechtlich zulässigen Wertberichtigungen und Sonderposten in Einzelabschlüssen, die nicht in den Konzernabschluß übernommen wurden.

Der passive Unterschiedsbetrag aus der Kapitalkonsolidierung ist überwiegend durch von Konzernfremden gezeichnete Kapitalerhöhungsbeträge bei Tochterunternehmen entstanden.

Die Rückstellungen für Umweltschutzmaßnahmen betreffen vor allem die Beseitigung von Altlasten, Sanierungs- und Gewässerschutzmaßnahmen, Bohrlochverfüllung und Feldesräumung sowie Rekultivierung von Deponien.

Von den Bergschädenrückstellungen entfallen DM 201 Mio (Vorjahr DM 198 Mio) auf Bergschäden des früher betriebenen Steinkohlenbergbaus und DM 176 Mio (Vorjahr DM 154 Mio) auf den Braunkohlenbergbau.

Die sonstigen Rückstellungen betreffen eine Vielzahl unterschiedlicher Risiken.

Von den übrigen Rückstellungen haben DM 14.644 Mio (Vorjahr DM 12.550 Mio) langfristigen Charakter.

Nach US-GAAP sind latente Steuern auf diejenigen temporären Differenzen von Vermögensgegenständen und Schulden zwischen der Steuer- und der Konzernbilanz, die nach handelsrechtlichen Grundsätzen nicht angesetzt werden dürfen, sowie auf realisierbare steuerliche Verlustvorträge und auf Anpassungen an die Bilanzierung und Bewertung nach US-GAAP anzusetzen. Hierdurch erhöhen sich das Jahresergehnis nach US-GAAP um DM 301 Mio (Vorjahr DM 234 Mio) und das Eigenkapital nach US-GAAP zum 31.12.1995 kumuliert um DM 60 Mio (Vorjahr DM 106 Mio).

Die latenten Steuern haben überwiegend langfristigen Charakter.

(13) Verbindlichkeiten

(in Mio DM)	1995				1994	
	Insgesamt	davon mit einer Restlaufzeit			Insgesamt	davon mit einer Restlaufzeit
		bis 1 Jahr	über 1 bis 5 Jahre	über 5 Jahre		über 1 Jahr
Optionsanleihe	520	–	520	–	520	520
Kreditinstitute	2.961	464	704	1.793	3.245	2.648
Wechselverbindlichkeiten	45	45	–	–	145	–
Finanzverbindlichkeiten	**3.526**	**509**	**1.224**	**1.793**	**3.910**	**3.168**
Lieferungen und Leistungen	4.072	4.034	20	18	4.083	38
Verbundene Unternehmen	57	57	–	–	29	–
Beteiligungsunternehmen	2.541	2.499	5	37	2.186	48
Investitionszuschüsse	615	82	174	359	651	577
Bauzuschüsse von Energieabnehmern	1.841	126	516	1.199	1.601	1.490
Erhaltene Anzahlungen	252	249	3	–	247	33
Sonstige Verbindlichkeiten	2.440	1.941	180	319	3.035	491
davon aus Steuern	(373)	(373)	–	–	(335)	–
davon im Rahmen der sozialen Sicherheit	(192)	(192)	–	–	(220)	–
	15.344	**9.497**	**2.122**	**3.725**	**15.742**	**5.845**

Die Optionsanleihe, rückzahlbar am 6. April 2000 zum Nominalwert, beläuft sich auf eine Gesamtsumme von US-$ 300 Mio. Sie wurde in 1993 von der VEBA INTERNATIONAL FINANCE B.V., einem 100%igen Tochterunternehmen der VEBA, in Stückelungen von US-$ 5.000 jeweils mit 28 zugehörigen Optionsscheinen und einer jährlichen Verzinsung von 6% ausgegeben. VEBA garantiert uneingeschränkt und unwiderruflich die Zahlungs- und sonstigen Verpflichtungen im Zusammenhang mit Rechten und Zinsansprüchen aus dieser Anleihe.

Jeder Optionsschein beinhaltet für den Inhaber das Recht, eine Stammaktie der VEBA im Nennwert von DM 50 zum Preis von DM 379 zu erwerben.

Die Optionsrechte können bis zum 6. April 1998 ausgeübt werden. Dieser Zeitraum verlängert sich jeweils um ein Jahr, höchstens jedoch um zwei Jahre, falls das arithmetische Mittel der an der Düsseldorfer Börse in den letzten 10 Handelstagen vor dem 6. März 1998 bzw. 6. März 1999 notierten Einheitskurse unter dem Umtauschkurs liegen sollte. Einzahlungen aus der Ausübung der Optionsrechte werden im gezeichneten Kapital und in der Kapitalrücklage erfaßt.

Die noch nicht ertragswirksam gewordenen Investitionszuschüsse werden überwiegend von Kunden für Investitionen im Strombereich gezahlt; ihre Auflösung wird periodengerecht bei den sonstigen betrieblichen Erträgen erfaßt.

Die Bauzuschüsse wurden von Kunden des Strombereiches gemäß den allgemein verbindlichen Bedingungen für die Errichtung neuer Strom- und Gasanschlüsse gezahlt. Sie werden entsprechend den Vertragslaufzeiten ergebniserhöhend aufgelöst und den Umsatzerlösen zugerechnet.

Durch Grundpfandrechte sind insgesamt DM 2.770 Mio Verbindlichkeiten (Vorjahr DM 2.766 Mio) gesichert, davon Hypothekendarlehen bei VEBA Immobilien DM 2.074 Mio (Vorjahr DM 2.099 Mio).

Die Verbindlichkeiten gegenüber Kreditinstituten setzen sich wie folgt zusammen:

	1995 Mio DM	Zinssatz	Fälligkeit	1994 Mio DM
Grundpfandrechtlich besicherte Bankdarlehen	1.327	0,5%–6,00%	bis 2040	1.251
Grundpfandrechtlich besicherte Bankdarlehen	1.021	6,1%–9,77%	bis 2040	1.100
Sonstige besicherte Bankdarlehen	24	0,5%–9,77%	bis 2040	30
Unbesicherte Bankdarlehen, in Anspruch genommene Kreditlinien, kurzfristige Kredite	589	0,5%–9,77%	bis auf weiteres	864
	2.961			**3.245**

Die Bankdarlehen mit Zinssätzen unter Marktniveau betreffen vor allem VEBA IMMOBILIEN zur Finanzierung des vermieteten Immobilienbesitzes. Im Gegenzug zur Finanzierung unter Marktniveau kann VEBA IMMOBILIEN nur unter dem Marktniveau liegende Mieten erheben. Aufgrund dieser Bedingungen werden die Darlehen zum Nennwert bilanziert.

Die an Kreditinstitute geleisteten Zinszahlungen betragen DM 180 Mio (Vorjahr DM 191 Mio).

Zum 31.12.1995 ergeben sich für Bankdarlehen folgende Fälligkeiten:

(in Mio DM)	
1996	484
1997	254
1998	188
1999	136
2000	126
nach 2000	1.793
	2.961

Nach US-GAAP erhöhen sich im Rahmen der Umrechnung von Fremdwährungsverbindlichkeiten zum Stichtagskurs das Jahresergebnis um DM 2 Mio (Vorjahr DM 14 Mio) und das Eigenkapital kumuliert um DM 16 Mio (Vorjahr DM 14 Mio).

(16) Sonstige betriebliche Aufwendungen

Die sonstigen betrieblichen Aufwendungen umfassen die nicht den Funktionsbereichen zurechenbaren Aufwendungen und betreffen im wesentlichen Aufwendungen für Strukturmaßnahmen mit DM 426 Mio (Vorjahr DM 360 Mio), Wertberichtigungen auf Forderungen mit DM 318 Mio (Vorjahr DM 246 Mio), Forschungs- und Entwicklungskosten mit DM 312 Mio (Vorjahr DM 320 Mio), Währungs- und Kursverluste von DM 218 Mio (Vorjahr DM 128 Mio) sowie sonstige weiterberechnete Lieferungen und Leistungen von DM 107 Mio (Vorjahr DM 95 Mio).

Durch die nach US-GAAP vom HGB abweichende Behandlung von Börseneinführungskosten erhöht sich das Jahresergebnis nach US-GAAP um DM 40 Mio (Vorjahr DM 0 Mio).

(21) Steuern vom Einkommen und vom Ertrag

(in Mio DM)	1995	1994
Inländische Körperschaftsteuer	837	617
Inländische Gewerbeertragsteuer	370	214
Ausländische Ertragsteuern	363	335
	1.570	**1.166**
Latente Steuern	159	-194
	1.729	**972**

Der Anstieg des Ertragsteueraufwandes ergibt sich vor allem aus höheren Ergebnissen des Geschäftsjahres, dem Solidaritätszuschlag und aus verstärkten Rücklagenzuführungen.

Verglichen mit dem Thesaurierungssteuersatz von 58% ergibt sich der hiervon abweichende Effektivsteuersatz für 1995 von 45% im wesentlichen aus der nicht steuerwirksamen Abschreibung von Geschäftswerten aus der Konsolidierung, steuerfreien Auslandsgewinnen, Körperschaftsteuerminderungen durch Herstellung der Ausschüttungsbelastung, Nutzung von Verlustvorträgen, unterschiedlichen ausländischen Steuersätzen sowie aus zeitlichen Unterschieden in der Realisierung von bestimmten Aufwendungen in der Handels- und Steuerbilanz.

Die am Jahresende noch bestehenden steuerlichen Verlustvorträge setzen sich wie folgt zusammen:

(in Mio DM)	1995	1994
Inländische Verlustvorträge		
Körperschaftsteuer	1.423	1.155
Gewerbeertragsteuer	1.375	1.597
Ausländische Verlustvorträge	451	557

Die inländischen Verlustvorträge sind unbeschränkt vortragsfähig; für die ausländischen Verlustvorträge bestehen unterschiedliche Verfallzeiten. Nach dem HGB ist die Bildung von aktiven latenten Steuern auf steuerliche Verlustvorträge nicht zulässig.

Zu den Ergebnisauswirkungen der Erfassung latenter Steuern bei vollständiger Anwendung voi US-GAAP wird auf die Erläuterungen unter Textziffer (12) verwiesen.

(22) Anderen Gesellschaftern zustehendes Ergebnis

Die Ergebnisverwendung des Jahresüberschusses teilt sich auf die VEBA-Anteilseigner sowie auf die Minderheitsgesellschafter von Tochterunternehmen wie folgt auf:

(in Mio DM)	Insgesamt	Konzern	Konzernfremde
Jahresüberschuß	2.107	1.915	192
Ergebnis aus Anpassungsmaßnahmen	600	530	70
Einstellung des Ergebnisses aus Anpassungsmaßnahmen in Gewinnrücklagen und Anteile anderer Gesellschafter	-600	-530	-70
Übrige Veränderung der Gewinnrücklagen und Anteile anderer Gesellschafter	- 1.454	- 1.085	-369
Gewinnvortrag Anteil Fremder bei konsolidierten Gesellschaften	9	–	9
Anderen Gesellschaftern zustehendes Ergebnis	168	–	168
Konzernbilanzgewinn (Dividende der VEBA AG)	**830**	**830**	**-**

Das anderen Gesellschaftern zustehende Ergebnis betrifft mit DM 124 Mio (Vorjahr DM 148 Mio) Gewinnanteile und mit DM 292 Mio (Vorjahr DM 280 Mio) Verlustanteile.

Zu den ergebniswirksamen Auswirkungen auf die Anteile anderer Gesellschafter, die sich bei vollständiger Rechnungslegung nach US-GAAP ergeben, wird auf die Erläuterungen unter Textziffer (9) verwiesen.

(25) Derivative Finanzinstrumente

Im Rahmen der operativen Geschäftstätigkeit ist der VEBA-Konzern Währungsrisiken und Zinsänderungsrisiken ausgesetzt. In den Fällen, in denen VEBA sich gegen diese Risiken durch Sicherungsgeschäfte sichern will, werden unter anderem auch derivative Finanzinstrumente eingesetzt. Zur Sicherung werden ausschließlich marktgängige Instrumente mit einer ausreichenden Marktliquidität eingesetzt. Die Sicherungsgeschäfte decken zum Bilanzstichtag Zinsänderungs- und Währungsrisiken aus gebuchten, schwebenden und geplanten Lieferungs-, Leistungs- und sonstigen Geschäften (Grundgeschäfte). Derivative Finanzinstrumente werden nicht zu Spekulationszwecken, sondern ausschließlich für Sicherungszwecke eingesetzt.

Ferner sind die Geschäfte einzelner Konzernbereiche Risiken aus der Änderung von Rohstoffpreisen ausgesetzt. Aufgrund der spezifischen Marktgegebenheiten wurden im Bereich der Rohstoffe Sicherungsgeschäfte nur in geringem Umfang von diesen Konzernbereichen eigenverantwortlich getätigt.

Entsprechend der Sicherungspolitik der VEBA können für Devisenrisiken pauschale Sicherungsgeschäfte für die jeweils folgenden 12 Monate abgeschlossen werden. Zuni 31.12.1995 bestanden Kurssicherungen für Devisenrisiken insbesondere in den Währungen US-Dollar, britisches Pfund, französischer Franc und japanischer Yen. Für Zinsrisiken können pauschale Sicherungsgeschäfte für die folgenden 5 Jahre abgeschlossen werden. Für einzelrisikobezogene Sicherungsgeschäfte im Währungs- und Zinsbereich darf jede adäquate Laufzeit gewählt werden. Diese Geschäfte sind jedoch betrags- und fristenkongruent abzuschließen.

Die für den Abschluß von derivativen Devisen- und Zinsinstrumenten verantwortliche Konzern-Treasury der VEBA AG handelt als Dienstleistungs-Center für den VEBA-Konzern und nicht als Profit-Center. Der Handlungsrahmen, die Verantwortlichkeiten und die bilanzielle Behandlung sind in internen Richtlinien detailliert festgelegt. Zur Gewährleistung einer effizienten Risikokontrolle ist die Treasury von der Abteilung Finanzabwicklung strikt organisatorisch getrennt. Eine fortlaufende, unabhängige Risikokontrolle ist ferner durch die ebenfalls Treasury-unabhängige Abteilung Finanz-Controlling gewährleistet.

Für den VEBA-Konzern wurde ein EDV-gestütztes Finanzberichts- und Finanzcontrolling-System entwickelt und implementiert. Es ermöglicht, alle operativen und finanziellen Zahlungen des Konzerns im Hinblick auf Liquiditätsbedarf, Zinsänderungsrisiken und Devisenrisiken systematisch und konsistent zu analysieren sowie Risikopositionen und darauf erfolgte Sicherungsgeschäfte aktuell darzustellen und zu Marktwerten zu bewerten. Das Finanzberichts- und Finanzcontrolling-System ermöglicht eine fortlaufende und aktuelle Analyse der Markt- und Kontrahentenrisiken aus abgeschlossenen Sicherungsgeschäften.

Marktrisiko

Marktrisiken bei derivativen Sicherungsgeschäften sind die – positiven wie negativen – Wertänderungen des Vermögens, die aus Preisänderungen an den verschiedenen Finanzmärkten resultieren.

Dem internationalen Banken-Standard entsprechend wird seit Ende 1995 zur Ermittlung des Marktrisikos das Money-at-Risk-Konzept basierend auf regelmäßig veröffentlichten Risk-Metrics-Daten von J.P. Morgan verwendet. Auf der Basis empirisch ermittelter Standardabweichungen wird mit einem Konfidenzintervall von 99% das maximale Verlustpotential innerhalb des nächsten Geschäftstages aus Derivatbeständen ermittelt, die nicht in einer Bewertungseinheit mit einem Grundgeschäft zusammengefaßt sind. Die Korrelationen zwischen einzelnen Instrumenten innerhalb einer Währung werden berücksichtigt, dabei ist das Risiko eines Portfolios im allgemeinen geringer als die Summe der Einzelrisiken. Korrelationen zwischen einzelnen Währungen bleiben unberücksichtigt, da eine währungsübergreifende Saldierung positiver und negativer Ergebnisse handelsrechtlich nicht zulässig ist.

Um Marktrisiken auch bei extremen Marktpreisschwankungen überwachen zu können, wird regelmäßig ein sogenannter »Stress-Test« auf die Derivatbestände vorgenommen. Dabei wird, entsprechend den Empfehlungen der Bank für Internationalen Zahlungsausgleich (BIZ) für die Kapitaladäquanz von Banken, das nach dem »Money-at-Risk«-Konzept ermittelte Marktrisiko mit dem Faktor drei multipliziert.

Die Marktwerte von derivativen Finanzinstrumenten werden anhand von Marktnotierungen oder durch finanzmathematische Berechnungen auf der Grundlage marktüblicher Modelle ermittelt.

Finanzderivate zum 31.12.1995

(in Mio DM)	Gesamtvolumen		davon außerhalb von Bewertungseinheiten			
	Nominal volumen	Markt- wert	Nominal- volumen	Markt- wert	Money at Risk	Risiko gem. Stress-Test
Devisen- termingeschäfte						
Kauf						
bis 1 Jahr	339,3	-0,6	339,3	-0,6	3,3	9,9
über 1 Jahr	3,2	0,1	3,2	0,1	0,0	0,1
Verkauf						
bis 1 Jahr	1.057,2	-4,3	1.057,2	-4,3	7,7	23,1
über 1 Jahr	–	–	–	–		
Devisenoptionen						
Kauf						
bis 1 Jahr	349,6	10,7	257,5	2,1	0,7	2,1
über 1 Jahr	–	–	–	–		
Verkauf						
bis 1 Jahr	92,2	-8,6	–	–	0,1	0,3
über 1 Jahr	–	–	–	–		
Zwischensumme/ Portfolio	**1.841,5**	**- 2,7**	**1.657,2**	**- 2,7**	**5,7**	**17,1**
Währungsswaps						
bis 1 Jahr	–	–	–	–		
1 Jahr bis 5 Jahre	658,1	- 86,7	8,5	- 0,3	0,1	0,3
über 5 Jahre	–	–	–	–		
Zins-/Währungsswaps						
bis 1 Jahr	18,0	5,0	–	–		
1 Jahr bis 5 Jahre	–	–	–	–		
über 5 Jahre	–	–	–	–		
Zwischensumme/ Portfolio	**676,1**	**- 81,7**	**8,5**	**- 0,3**	**0,1**	**0,3**
Zinsswaps						
Festzinszahler						
bis 1 Jahr	4,0	–	–	–		
1 Jahr bis 5 Jahre	62,4	-1,4	14,4	0,2	0,1	0,3
über 5 Jahre	224,0	-14,4	–	–		
Festzinsempfänger						
bis 1 Jahr	204,0	2,2	-	-		
1 Jahr bis 5 Jahre	48,0	4,7	-	-		
über 5 Jahre	174,0	8,1	-	-		
Zwischensumme/ Portfolio	**716,4**	**-0,8**	**14,4**	**0,2**	**0,1**	**0,3**
Gesamtsumme/ Portfolio	**3.234,0**	**-85,2**	**1.680,1**	**-2,8**	**5,7**	**17,2**

Der Marktwert der zum Bilanzstichtag ausstehenden Finanzinstrumente aus Geldaufnahmen beträgt DM 3.279 Mio, der Marktwert aus Geldanlagen beträgt DM 4.551 Mio.

Kontrahentenrisiko

Das Kontrahentenrisiko bezeichnet mögliche Vermögensverluste, die aus der Nichterfüllung von Vertragsverpflichtungen einzelner Geschäftspartner entstehen können.

Bei Derivatgeschäften beschränkt sich während der Laufzeit das Kontrahentenrisiko auf die Wiederbeschaffungskosten, die aufgewendet werden müssen, um bei Ausfall eines Kontrahenten die entstehende offene Position zu decken. Diesem Risiko unterliegen nur Geschäfte mit einem für die VEBA positiven Marktwert. Es wird angestrebt, Derivatgeschäfte auf der Grundlage von Standardverträgen abzuschließen, die die Aufrechnung aller ausstehenden Geschäfte mit einem Vertragspartner erlauben. Vertragspartner sind ausschließlich Finanzinstitute, die von VEBA definierte Bonitätskriterien erfüllen (Mindestrating-Klasse, soweit Rating vorhanden; Bonitätseinschätzung bei renommierten inländischen Privatbanken). So wie in Europa üblich, werden Sicherheiten für Derivatgeschäfte weder gewährt noch erhalten.

Insgesamt weist der Derivate-Bestand folgende Laufzeiten- und Bonitätsstruktur auf:

(in Mio DM)			davon bis 1 Jahr		davon 1 bis 5 Jahre		davon über 5 Jahre	
Rating des Kontrahenten Standard & Poor's und/ oder Moody's	Nominal-Werte insgesamt	Kontrahenten-risiko insgesamt	Nominal-werte	Kontrahenten-risiko	Nominal-werte	Kontrahenten-risiko	Nominal-werte	Kontrahenten risiko
AAA und Aaa	702,5	6,1	407,0	5,9	152,5	0,2	143,0	0,0
AA+ und Aaa oder AAA und Aal bis AA- und Aa3	1.564,2	15,2	1.061,8	11,9	406,4	2,4	96,0	0,9
AA- und Al oder A+ und Aa3 bis A oder A2	720,1	12,8	407,4	6,1	186,7	2,3	126,0	4,4
Sonstige	247,2	8,4	188,2	2,5	26,0	2,6	33,0	3,3
	3.234,0	**42,5**	**2.064,4**	**26,4**	**771,6**	**7,5**	**398,0**	**8,6**

US-GAAP-Bewertung

Nach US-GAAP verändern sich durch die Erfassung unrealisierter Gewinne aus abgeschlossenen Finanzderivaten das Jahresergebnis um DM -66 Mio (Vorjahr DM 69 Mio) und das Eigenkapital zum 31.12.1995 kumuliert um DM 7 Mio (Vorjahr DM 73 Mio).

(28) Konzerneigenkapital/Konzernüberschuß/Ergebnis je Aktie nach US-GAAP

Bei vollständiger Rechnungslegung nach US-GAAP erhöhen sich (jeweils ohne Anteile anderer Gesellschafter) der Konzernüberschuß um DM 112 Mio (Vorjahr DM 347 Mio) auf DM 2.027 Mio (Vorjahr DM 1.713 Mio) und das Konzerneigenkapital zum 31.12.1995 kumuliert um DM 1.961 Mio (Vorjahr DM 1.760 Mio) auf DM 19.452 Mio (Vorjahr DM 17.867 Mio).

Das Ergebnis je Aktie im Nominalwert von DM 5 nach US-GAAP (Earnings per Share) beträgt DM 4,12 (Vorjahr DM 3,49).

7. Daimler-Benz AG

Überleitung von HGB auf US-GAAP zum 31.12.1995
(Auszug aus Geschäftsbericht 1995, S. 49)
(Auszug aus Annual Report on Form F-20 1995)

Überleitung von Konzernjahresergebnis und Eigenkapital auf US-GAAP

– in Mio. DM –	**1995**	1994
Konzernjahresfehlbetrag/-überschuß nach deutschem HGB	**(5.734)**	895
+/– Veränderung »Appropriated Retained Earnings«/ (zweckgebundene Rücklagen: Rückstellungen und Bewertungsmaßnahmen)	**(640)**	409
	(6.374)	1.304
Sonstige Einflüsse nach US-GAAP		
+/– Langfristige Fertigung	**(9)**	53
Goodwill und Unternehmenszugänge	**(2.241)**	(350)
Entkonsolidierung der MBL Fahrzeug-Leasing GmbH & Co. KG	**369**	(652)
Pensionsrückstellungen und Krankheitskosten für Pensionäre	**(219)**	(432)
Währungsumrechnung	**52**	(22)
Währungssicherungsgeschäfte	**49**	633
Wertpapiere	**238**	(388)
Sonstige Bewertungsunterschiede	**(215)**	232
Latente Steuern	**2.621**	496
Konzern-Jahresfehlbetrag/-überschuß nach US-GAAP vor Auswirkungen aus der erstmaligen Anwendung neuer Bilanzierungsvorschriften	**(5.729)**	874
Auswirkungen aus der erstmaligen Anwendung neuer Vorschriften für die Bilanzierung von Wertpapieren nach US-GAAP (nach Ertragsteuern von 235 Mio. DM)	–	178
Konzernergebnis nach US-GAAP	**(5.729)**	1.052
Konzernergebnis je Aktie nach US-GAAP	**DM (111,67)**	DM 21,53
Konzernergebnis je ADS[1] nach US-GAAP	**DM (11,17)**	DM 2,15
Eigenkapital nach deutschem HGB	**13.842**	20.251
+ »Appropriated Retained Earnings«/ (zweckgebundene Rücklagen: Rückstellungen und Bewertungsmaßnahmen)	**5.604**	6.205
	19.446	26.456
Sonstige Einflüsse nach US-GAAP		
+/– Langfristige Fertigung	**253**	262
Goodwill und Unternehmenszugänge	**(559)**	1.978
Entkonsolidierung der MBL Fahrzeug-Leasing GmbH & Co. KG	**(283)**	(652)
Pensionsrückstellungen und Krankheitskosten für Pensionäre	**(2.469)**	(2.250)
Währungsumrechnung	**115**	63
Währungssicherungsgeschäfte	**1.058**	1.013
Wertpapiere	**525**	27
Sonstige Bewertungsunterschiede	**(1.073)**	(336)
Latente Steuern	**5.847**	2.874
Eigenkapital nach US-GAAP	**22.860**	29.435

1) Entspricht einem Zehntel einer 50-DM-Aktie.

Neben der Überleitung aus dem Geschäftsbericht 1995 wird auch die im Annual Report 1995 enthaltene Überleitung (reconciliation) wiedergegeben. Sie ist wesentlich instruktiver, da sie eine ausführliche Begründung für die einzelnen Posten enthält. Außerdem sind in dieser Überleitung die Vergleichszahlen für die Jahre 1994 und 1993 enthalten.

...

2. Significant Differences Between German and United States Generally Accepted Accounting Principles

The Daimler-Benz consolidated financial statements comply with German GAAP, which differs in certain significant respects from U.S. GAAP. The significant differences that affect the consolidated net income and stockholders' equity of Daimler-Benz are set out below.

a. Appropriated Retained Earnings – Provisions, Reserves and Valuation Differences

According to German GAAP, accruals or provisions may be recorded for uncertain liabilities and loss contingencies. The amount of such accruals or provisions represents the anticipated expense to the Group. Accruals for potential losses on open production orders take into consideration all internal costs, including indirect selling and administrative expenses. Application of German GAAP may also lead to higher accrual balances and reserves for possible asset risks or tax allowable special depreciation than are allowed under U.S. GAAP. To the extent that certain provisions, reserves and valuations under German GAAP do not meet the criteria for accrual under U.S. GAAP, such differences can be viewed in a manner similar to appropriated retained earnings. Under U.S. GAAP, in accordance with Statement of Financial Accounting Standards (»SFAS«) No. 5 »Accounting for Contingencies,« an accrual for a loss contingency is recorded by a charge to income if it is both probable that an asset has been impaired or a liability has been incurred and the minimum amount of loss can be reasonably estimated. Certain reserves for future losses, costs or risks do not meet the conditions for accrual under SFAS No. 5.

The adjustments to stockholders' equity of DM 5,604 and DM 6,205 would have reduced other provisions at December 31, 1995 and 1994 by DM 5,318 and DM 5,248, respectively, and, in 1995 non-current assets by DM 643. The remainder of the adjustments would have increased inventories and other receivables under U.S. GAAP.

b. *Long-term Contracts*

Daimler-Benz generally accounts for revenues and costs on long-term contracts using the completed-contract method with recognition of performance milestones where practicable. Under U.S. GAAP, revenues and costs on long-term contracts are recognized using the percentage-of-completion method of accounting.

c. *Goodwill and Business Acquisitions*

In accordance with German GAAP, goodwill may be charged directly to stockholders' equity or capitalized and amortized over its useful life, generally ranging between 5 years and 20 years. Prior to 1988, net assets acquired as part of a business combination were valued at historical cost. Net assets acquired after 1987 have been recorded at their estimated fair value. Under U.S. GAAP, the difference between the purchase price and fair value of net assets acquired as part of a business combination is capitalized as goodwill and amortized through the income statement over its estimated useful life, which may not exceed 40 years. For the purpose of the reconciliation to U.S. GAAP, goodwill is being amortized through the income statement over estimated useful lives ranging between 15 and 40 years.

During 1995 the Group recorded a charge under U.S. GAAP to write-off substantially all of the goodwill and to write-down certain long-term assets relating to the Daimler-Benz Aerospace corporate unit. A similar charge was not necessary under German GAAP since, for German GAAP purposes, substantially all of this amount was set off against shareholders' equity at the dates of acquisition of such businesses. The 1995 charge under U.S. GAAP resulted from the Group's periodic assessment of the recoverability of goodwill based upon projected discounted cash flows. Beginning in 1994 and accelerating in 1995, the DM appreciated significantly against the U.S. dollar, the currency in which a significant percentage of the corporate units' revenues are denominated. An appreciation of the DM relative to the U.S. dollar results in the Group receiving, when converted to DM, less revenues (and cash proceeds) from the sales of its products. In addition, Daimler-Benz Aerospace has continued to suffer significant operating losses as a result of continued low levels of demand in the aircraft market and shrinking government budgets in the space and defense sectors.

The adjustments for goodwill and business dispositions in 1994 include the reversal of DM 366 of profit recognized under German GAAP related to the sale and leaseback of certain technical know-how of Fokker. For U.S. GAAP purposes such amount was required to reduce the Fokker goodwill established at acquisition. The 1993 adjustments include the write-downs of goodwill related to certain businesses of AEG and Dornier.

d. Business Dispositions and Deconsolidation

Under German GAAP a Group may treat a consolidated subsidiary as sold, thereby deconsolidating it, upon the transfer of legal ownership of a majority of the subsidiary's share capital. Under U.S. GAAP, as defined by the Financial Accounting Standards Board Emerging Issues Task Force (EITF) Issue 90-15, a Group may be required to continue consolidating a special purpose leasing subsidiary transferred to a third party if certain prescriptive rules are not met which are designed to determine whether the substantial risks and rewards of ownership have passed to the third party. The transaction discussed in Note 1 which gave rise to the deconsolidation of MBL KG did not meet the requirements of EITF 90-15 for divestiture accounting under U.S. GAAP. As such, MBL KG would not have been deconsolidated and the non-recurring profit recognized under German GAAP would not have been recognized under U.S. GAAP. The continued consolidation of MBL KG under U.S. GAAP would have increased leased equipment at December 31, 1995 and 1994 by DM 987 and DM 1,914, respectively, increased operating profits in 1995 by DM 369 and decreased operating profits in 1994 by DM 652.

e. *Pensions and Other Postretirement Benefits*

Daimler-Benz provides for pension costs and similar obligations including postretirement benefits based on actuarial studies using the entry age method as defined in the German tax code. U.S. GAAP, as defined by SFAS No. 87, »Employers' Accounting for Pensions« is more prescriptive particularly as to the use of actuarial assumptions and requires that a different actuarial method (the projected unit credit method) be used.

f. Foreign Currency Translation

The Group's foreign currency accounting policies are disclosed in Note 1. Under U.S. GAAP, in accordance with SFAS No. 52, »Foreign Currency Translation«, assets and liabilities denominated in a foreign currency are recorded at period end rates with any resulting unrealized gain or loss recognized in the income statement. The balance sheets of foreign companies are translated at period-end exchange rates, and income statements are translated using an average rate during the period. The assets and liabilities of foreign companies operating in highly inflationary countries are remeasured into the functional currency (DM) by translating monetary items at current rates and non-monetary items at historical rates, with all resulting translation gains and losses being recognized in income.

g. Financial Instruments

The Group uses financial instruments to cover certain foreign currency and interest rate risks related to existing assets and liabilities, firm commitments and anticipated transactions. As stated in Note 1, according to German GAAP a reserve is set up for unrealized losses relating to financial instruments, whereas unrealized gains are not recognized until realized. Under U.S. GAAP, at the balance sheet date, financial instruments which are not designated as hedges of specific assets or liabilities and firm commitments are marked to market and any resulting unrealized gains or losses are recognized in income.

h. Securities

Under German GAAP marketable securities are recorded as current assets at the lower of cost or market. Prior to 1994 the Group's U.S. GAAP accounting policy was also generally to record securities at the lower of cost or market. As of January 1,1994 the Group was required to adopt SFAS No. 115 »Accounting for Certain Investments in Debt and Equity Securities«. This new accounting standard specifies the accounting for changes in the fair values of investments in debt and equity securities which have readily determinable fair values. Under SFAS 115, these debt and equity securities are segregated into one of three catagories: trading, available for-sale or held-to-maturity. Trading and available for sale securities are carried at their fair values. Changes in fair values of trading securities are recorded in the statement of income.

Changes in the fair values of available-for-sale securities are recorded as a component of shareholders' equity until such securities are sold. Held-to-maturity securities are carried at cost adjusted for amortized premium or discount. Adoption of SFAS No. 115 resulted in a cumulative effect of change in accounting, net of taxes, as of January 1, 1994 of DM 235 of which DM 178 related to trading securities and DM 57 related to available-for-sale securities. See Note 13 for additional information with respect to the Group's portfolio of investments at December 31, 1995 and 1994.

i. *Other*

Other differences in accounting principles include, among other things, adjustments for LIFO inventory, the minority stockholders' interest classified within equity according to German GAAP as well as related U.S. GAAP adjustments (DM 1,272 and DM 669 adjustments to stockholders' equity at December 31, 1995 and 1994, respectively), the capitalization of interest, adjustments in the accounting for leases and the consolidation of certain non-consolidated entities.

In 1995, for German GAAP purposes, the Group wrote-off directly to stockholders' equity DM 577 representing the excess of the Group's carrying value of its equity investment over its share of the net assets (book value) of Sogeti. For U.S. GAAP purposes a charge of DM 410 would be recorded in the statement of income to reflect the Group's determination of the permanent impairment of such investment.

j. Deferred Taxes

Under German GAAP deferred tax assets anti liabilities are generally recognized for the elimination of intercompany profits. Other deferred taxes are calculated based on the liability method but are recognized only to the extent that consolidated deferred tax liabilities exceed consolidated deferred tax assets. Under U.S. GAAP as prescribed by SFAS No. 109 »Accounting for Income Taxes« deferred taxes are recognized for all temporary differences including operating losses carried forward using the liability method based on enacted tax rates.

The deferred tax adjustment included in the following reconciliation to U.S. GAAP also contains the income tax effects of the above U.S. GAAP adjustments, where appropriate. Amounts disclosed include the effects of significant tax benefits relating to net operating losses recognized under U.S. GAAP. See Note 5.

Reconciliation to U.S. GAAP

The following is a summary of the significant adjustments to net income for the years 1995, 1994 and 1993 and to stockholders' equity at December 31, 1995 and 1994, which would be required if U.S. GAAP had been applied instead of German GAAP. The translation of 1995 amounts from marks into dollars is unaudited and has been made solely for the convenience of the reader at the December 29, 1995 Noon Buying Rate of DM 1.4345 = $1.

	Note	1995	1995	1994	1993
Net (loss) income as reported in the consolidated income statements under German GAAP		$ (3,997)	DM (5,734)	DM 895	DM 615
Add: Changes in appropriated retained earnings – provisions, reserves and valuation differences	(a)	(446)	(640)	409	(4,262)
		(4,443)	(6,374)	1,304	(3,647)
Other adjustments required to conform with U.S. GAAP:					
Long-term contracts	(b)	(6)	(9)	53	78
Goodwill and business acquisitions	(c)	(1.562)	(2.241)	(350)	(287)
Business dispositions and deconsolidation	(d)	257	369	(652)	–
Pensions and other postretirement benefits	(e)	(153)	(219)	(432)	(624)[1]
Foreign currency translation	(f)	36	52	(22)	(40)
Financial instruments	(g)	34	49	633	(225)
Securities	(h)	166	238	(388)	–
Other	(i)	(150)	(215)	232	279
Deferred taxes	(j)	1,827	2,621	496	2,627
Net (loss) income in accordance with U.S. GAAP before cumulative effect of change in accounting principles		(3,994)	(5,729)	874	(1,839)
Cumulative effect of change in accounting for certain investments in debt and equity securities as of January 1, 1994, net of tax of DM 235	(h)	–	–	178	–
Net (loss) income in accordance with U.S. GAAP		(3,994)	(5,729)	1,052	(1,839)
Net (loss) income per share in accordance with U.S. GAAP		$ (77,84)	DM (111,67)	DM (21,53)[3]	DM (39,47)
Net (loss) income per American Depositary Share in accordance with U.S. GAAP[2]		$ (7.78)	DM (11,17)	DM (2,15)[3]	DM (3,95)

[1] Includes reversal of DM 237 gain recognized for German GAAP. See Notes 16 and 22.

[2] Net income (loss) per American Depositary Share are calculated on the basis of ten American Depositary Shares for every Ordinary Share.

[3] Includes DM 3.65 per share and DM 0.36 per American Depositary Share for the cumulative effect of change in accounting principles.

	Note	1995	1995	1994
Stockholders' equity as reported in the consolidated balance sheets under German GAAP		$ 9,649	DM 13,842	DM 20,251
Add: Appropriated retained earnings – provisions, reserves and valuation differences	(a)	3,907	5,604	6,205
		13,556	19,446	26,456
Other adjustments required to conform with U.S. GAAP:				
Long-term contracts	(b)	176	253	262
Goodwill and business acquisitions	(c)	(390)[1]	(559)[1]	1,978
Business dispositions and deconsolidation	(d)	(197)	(283)	(652)
Pensions and other postretirement benefits	(e)	(1,721)	(2,469)	(2,250)
Foreign currency translation	(f)	80	115	63
Financial instruments	(g)	738	1,058	1,013
Securities	(h)	366	525	27
Other	(i)	(748)	(1,073)	(336)
Deferred taxes	(j)	4,076	5,847	2,874
Stockholders' equity in accordance with US. GAAP		**$ 15,936**	**DM 22,860**	**DM 29,435**

Represents write-downs of property, plant and equipment.[1]

The changes in the U.S GAAP stockholders' equity for 1995 and 1994 follow:

	1995	1994
U.S. GAAP stockholders' equity – beginning of period	DM 29,435	DM 26,281
Dividends paid	(564)	(373)
Net (loss) income	(5,729)	1,052
Issuance of capital stock	47	3,022
Difference from currency translation	(449)	(539)
Cumulative effect of change in accounting for certain investments in debt and equity securities as of January 1, 1994, net of tax	–	57
Change in unrealized holding gain (loss) on SFAS 115 »available for sale« securities, net of tax	120	(65)
US. GAAP stockholders' equity – end of period	**DM 22,860**	**DM 29,435**

New US. Accounting Standards – not yet adopted

SFAS No. 121 – »Accounting for Impairment of Long-Lived Assets and for Long-Lived Assets to Be Disposed of« requires that long-lived assets and certain identifiable intangibles to be held and used by an entity be reviewed for impairment whenever events or changes in circumstances indicate that the carrying amount of an asset may not be recoverable. In addition, the statement requires that long-lived assets and certain identifiable intangibles to be disposed of be reported at the lower of carrying amount or fair value less cost to sell. The Group will be required to adopt such statement in 1996. Daimler-Benz has not yet addressed the impact of the above statement on its financial position or results of operations.

8. Hoechst AG

Überleitung von IAS/HGB auf US-GAAP zum 31.12.1997
(Auszug aus Registration Statement on Form 20-F 1997, S. F-47-F-51)

Bei der Überleitung von IAS auf US-GAAP ist darauf hinzuweisen, daß die Zahlen gemäß IAS auch Zahlen gemäß dem HGB sind. Es ist bemerkenswert, daß in allen drei Jahresabschlüssen das net income nach IAS/HGB wesentlich höher und das Eigenkapital etwa gleich hoch ist wie nach US-GAAP. Es läßt den Schluß zu, daß nur IAS light angewendet wurden, obwohl die Wirtschaftsprüfer testiert haben, daß der Konzernabschluß den Standards des International Accounting Standards Committee (IASC) entspricht.

---

42. SIGNIFICANT DIFFFRENCES BETWEEN IAS AND UNITED STATES GENERALLY ACCEPTED ACCOUNTING PRINCIPLES (»U.S. GAAP«)

The Group's consolidated financial statements have been prepared in accordance with IAS as of and for the years ended December 31, 1996 and 1995 which, as applied by the Group, differs in certain significant respects from U.S. GAAP. The effect of the application of U.S. GAAP to net income and stockholders' equity are set out in the tables below:

Reconciliation of Net Income to U.S. GAAP:

	Note	1996 $ millions[1]	1996 DM millions	1995 DM millions
Net income		1,212	2,114	1,709
U.S. GAAP aeljustments:				
Business Combinations: Goodwill	(a)	(229)	(400)	(501)
Business Combinations: Researeh-in-process	(a)	(238)	(416)	(1,411)
Tangible fixed assets	(b)	(2)	(3)	3
Inventories	(c)	29	50	(4)
Equity accounting	(d)	(2)	(3)	46
Pension provisions	(f)	101	176	(35)
Restructuring provisions	(g)	(54)	(94)	120
Adoption of IAS	(h)	(134)	(233)	88
Other	(i)	(59)	(103)	(69)
Deferred taxation	(j)	0	0	80
Tax effect of U.S. GAAP adjustments	(j)	(3)	(5)	(56)
Minority interests	(k)	4	7	(27)
Net income/(loss) under U.S. GAAP		625	1,090	(57)
Net income/(loss) per share under U.S. GAAP	(l)	1.06	1.85	(0.10)

Reconciliation of Stockholders' Equity to U.S. GAAP:

	Note	1996 $ millions[1]	1996 DM millions	1995 DM millions
Stockholders' equity as reported in the consolidated balance sheets under IAS		10,369	18,082	15,503
Less: minority interests	(k)	2,050	3,574	3,058
Equity of Hoechst AG stockholders		8,319	14,508	12,445
U.S. GAAP adjustments:				
Business Combinations: Goodwill	(a)	1,215	2,119	2,376
Business Combinations: Research-in-process	(a)	(1,114)	(1,943)	(1,411)
Tangible fixed assets	(b)	306	534	538
Inventories	(c)	(25)	(44)	(86)
Equity accounting	(4)	111	194	199
Available-for-sale investments	(e)	21	36	11
Pension provisions	(f)	72	125	(77)
Restructuring provisions	(g)	124	216	306
Other	(i)	24	42	145
Deferred taxation	(j)	0	0	233
Tax effect of U.S. GAAP adjustments	(l)	(243)	(424)	(400)
Minority interests	(k)	(156)	(272)	(278)
Stockholders' equity under U.S. GAAP		8,654	15,091	14,001

---

1 The 1996 figures have been translated solely for the convenience of the reader at an exchange rate of DM 1.7438 to $ 1.00, the Noon Buying Rate on June 30, 1997.

The changes in stockholders' equity in accordance with U.S. GAAP are as follows (in DM millions):

	1996	1995
U.S. GAAP stockholders' equity, beginning of year	17,337	17,588
Less: minority interests	3,336	2,850
Adjusted stockholders' equity	14,001	14,738
Dividends paid	(764)	(588)
Net income (loss)	1.090	(57)
Currency translation	577	(481)
Other changes	187	389
Stockholders' equity, end of year	15,091	14,001

a. Business Combinations

In accordance with IAS 22 (revised 1993), the difference between the purchase price and the aggregate fair value of tangible and identifiable intangible assets and liabilities acquired in a business combination is capitalized as goodwill and amortized over its useful life, not to exceed 20 years. Although the maximum period for goodwill amortization under U.S. GAAP is 40 years, the Group expects, and thus maintains, consistent useful lives under IAS and U.S. GAAP.

Prior to January 1, 1994, the Group wrote-off all goodwill directly to stockholders' equity, in accordance with German GAAP and IAS, existing at that time. The adoption of IAS did not require prior period restatement.

The material components of goodwill relate primarily to the acquisition of HCC and Copley in 1987 and 1993, respectively. For U.S. GAAP purposes the write-off for these acquisitions has been reversed with an effeet on stockholders' equity of DM 2.4 billion as of January 1, 1995. Included in the amortization of goodwill for the years ended December 31, 1996 and 1995 arc charges of DM 243 million and DM 393 million, respectively, to record the impairment of goodwill associated with Copley. The net book value of goodwill attributable to these entities as of December 31, 1996 was DM 1,478 million and DM 47 million related to HCC and Copley, respectively.

Under IAS, certain expenses incurred in connection with an acquisition may be charged directly against net income in the period incurred. U.S. GAAP requires the inclusion of such acquisition costs in the determination of the purchase price.

Under IAS, research-in-process and development costs are not identified as an acquired asset in connection with the allocation of the purchase price but rather capitalized as goodwill and amortized over their expected useful lives. U.S. GAAP requires the identification of research-in-process as a component of the purchase price allocation. Such costs that have no alternative future uses must be charged as an expense at the time of the acquisition. The Group has expensed research-in-process of DM 1,397 million and DM 493 million related to the MMD and PGS acquisitions in 1995 and 1996, respectively. These U.S. GAAP adjustments primarily relate to the »Pharmaceuticals« and »AgrEvo« segments.

b. Tangible Fixed Assets

The Group does not capitalize interest on constructed assets as it is not required by IAS. In accordance with U.S. GAAP, interest costs incurred during the construction period (i.e., the pcriod of time necessary to bring a constructed fixed asset to the condition and location necessary for its intended use) must be capitalized and amortized. Under U.S. GAAP, capitalized interest was DM 514 million and DM 485 million as of December 31, 1996 and 1995.

In addition, adjustments of DM 20 million and DM 53 million, as of December 31, 1996 and 1995, respectively, relate to individually insignificant differences between IAS and U.S. GAAP.

c. *Inventories*

Under IAS, inventories are valued at the lower of acquisition cost or net realizable value on the balance sheet date. Under U.S. GAAP, inventories are valued at the lower of cost or market value, with market value defined as the lower of current replacement cost or net realizable value. As a result, ending inventories under U.S. GAAP are approximately DM 21 million and DM 34 million greater than under IAS, as of December 31, 1996 and 1995, respectively.

For IAS reporting purposes, the Group values inventories, at certain U.S. subsidiaries, using the average cost method. For U.S. GAAP reporting purposes, these inventories are valued using the LIFO method, consistent with the stand-alone reporting of such subsidiaries. As of December 31, 1996 and 1995, DM 938 million and DM 797 million, respectively, were valued using the LIFO method for U.S. GAAP purposes. Inventories would have been DM 65 million and DM 120 million higher as of December 31, 1996 and 1995, respectively, had the Group used the average cost method instead of the LIFO method for U.S. GAAP reporting purposes.

d. Equity Accounting

The application of U.S. GAAP to equity method investees resulted in a number of differences that have been aggregated under this item. The most significant differences relate to goodwill, capitalized interest, deferred taxes and differences between local accounting standards and U.S. GAAP for provisions.

c. Investments

In accordance with IAS, investments are stated at the lower of their amortized acquisition cost or fair value on the balance sheet date, if the decline in value is expected to be permanent. U.S. GAAP requires that investments in debt and certain equity securities be classified as either trading, available-for-sale, or held-to-maturity, depending upon management's intent with respect to holding such investments. Investments classified as trading are carried at fair value, with any related unrealized gain or loss recorded in income. Investments classified as available-for-sale are carried at fair value, with any related unrealized gain or loss recorded as a separate component of equity. Investments classified as held-to-maturity are carried at amortized acquisition cost. For all investments unrealized losses judged to be other than temporary are recognized in the income statement.

f. Pensions and Other Postretirement Benefits

Under IAS, pension costs and similar obligations are accounted for in accordance with IAS 19 »Retirement Benefit Costs«.

Under U.S. GAAP, pension costs and similar obligations are accounted for in accordance with SFAS No. 87 »Employers' Accounting for Pensions«, while postretirement benefits are accounted for in accordance with SFAS No. 106 »Employers' Accounting for Postretirement Benefits Other than Pensions«.

Effective January 1, 1994, the Group adopted IAS 19 for all of its operations except those in the U.S. and Japan. IAS 19 was adopted for the U.S. and Japanese operations effective January 1, 1995. At that date the Group ceased deferring actuarial and net asset gains and losses. Deferred losses were charged to expense at the date. Under U.S. GAAP, actuarial and net asset gains and losses are deferred and amortized in future periods, when gains and losses exceed prescribed limits. In accordance with IAS 19, gains and losses are without regard to prescribed limits. In addition, IAS 19 stipulates the use of long term assumptions updated »from time to time« as deemed necessary, while SFAS No. 87 requires readjustment of the significant assumptions annually to reflect current market and economic conditions.

SFAS No. 87 requires that companies located outside the United States adopt the provisions of SFAS No. 87 for fiscal years beginning after December 15, 1988; thus companies with a calendar year end were required to adopt SFAS No. 87 effective January 1, 1989. Due to the significant period of time that elapsed between the effective date and the time when the Group first prepared U.S. GAAP information, adoption of the provisions of SFAS No. 87 as of January 1, 1989 was not feasible. Accordingly, SFAS No. 87 has been adopted as of January 1, 1995 for Group companies outside the U.S. SFAS No. 87 was applied to U.S. companies effective January 1, 1987. SFAS No. 106 was adopted effective January 1, 1993 for the Group's U.S. operations and effective January 1, 1995 for all other operations.

g. Restructuring Provisions
In accordance with IAS, restructuring and similar provisions are recorded in the period management commits itself to a plan and it is probable that a liability has been incurred and the amount is estimable. These criteria differ from those specified by U.S. GAAP, which are more prescriptive than IAS and require, in the case of employee termination costs, for example, that the employees be informed regarding the key provisions of the plan prior to the end of the year. In addition, certain costs permitted to be accrued in accordance with IAS, as a component of a restructuring charge, are not allowable under U.S. GAAP. Effective January 1, 1996, the Group adopted the U.S. GAAP criteria for puposes of determining provisions related to restructuring and similar matters in the IAS financial statements. The only difference between IAS as applied by the Group and U.S. GAAP at December 31, 1996, is that for IAS purposes there is no limit on the period of time to complete the plan, while under U.S. GAAP the plan must be scheduled to complete within a period of time which indicated that significant changes to the plan are not likely.

h. Adoption of IAS
The Group adopted IAS as of January 1, 1995. The effect of adopting IAS was recorded as a DM 88 million charge to the income statement for the year ended December 31, 1995. In addition, IAS 12 (revised 1996) »Income Taxes« was adopted as of January 1, 1996 (see Note 4). For U.S. GAAP purposes, both the opening and the closing balance sheet are recorded under U.S. GAAP. Therefore, the changes of accounting policies related to the adoption of IAS do not affect the U.S. GAAP financial statements and should be excluded from net income under U.S. GAAP.

i. Other
Other differences consist primarily of miscellaneous valuation differences that are not individually significant, including foreign currency translation, provisions, and intangibles other than goodwill and research-in-process.

j. Deferred Taxes
U.S. GAAP requires recognition of deferred tax assets and liabilities for temporary differences using enacted tax rates in effect at year-end in accordance with SFAS No. 109 »Accounting for Income Taxes«.

Prior to the adaption of IAS 12 (revised), as of January 1, 1996, the Group applied the provisions of IAS 12 (original). For U.S. GAAP purposes, the Group adopted SFAS No. 109 as of January 1, 1995. As applied by the Group, there are a number of differences between IAS 12 (original) and SFAS No. 109.

Under IAS 12 (original), deferred tax assets and liabilities are generally recognized for the elimination of intercompany profits and other consolidating adjustments, consistent with U.S. GAAP. However, other deferred taxes are calculated based on the liability method, but are only recognized to the extent that deferred tax liabilities exceed deferred tax assets. In addition, deferred tax assets are recorded for NOLs only if realization of the related tax benefits was assured beyond any reasonable doubt.

U.S. GAAP requires deferred taxes to be recognized for all differences between the basis of assets and liabilities for tax and financial reporting purposes.

Under U.S. GAAP, net operating loss carryforwards (NOLs) and other credits that are available to reduce future taxes are recognized as deferred tax assets. Such amounts are reduced by a valuation allowance to the extent that it is more likely than not that the tax benefit related to the utilization of such NOLs or credits will not be realized. As a result, a deferred tax asset of DM 153 million, primarily related to NOLs, was recorded on January 1, 1995. DM 80 million, net of a DM 110 million valuation allowance, was recorded during 1995, resulting in deferred tax assets, net of a valuation allowance of DM 110 million, of DM 2,243 million as of December 31, 1995. As of December 31, 1996, deferred tax assets total DM 1,561 million, net of a valuation allowance of DM 191 million.

k. Minority Interests
Under IAS, as applied by the Group, minority interests are included as a component of stockholders' equity. Under U.S. GAAP, minority interests are not included as a component of stockholders' equity, but shown as a separate line item. The U.S. GAAP adjustment for minority interests reflects the portion of the aforementioned differences that are allocated to minority interests.

l. Earnings per Share
Under IAS, the Group was not required to report earnings per share for the periods ended December 31, 1996, 1995 and 1994. Earnings per share computed in accordance with U.S. GAAP has been based upon 587,953,690 shares outstanding (see Note 26) for the years ended December 31, 1996 and 1995, respectively.

Additional U.S. GAAP Information

Income Statement
Certain items in the consolidated income statements would be classified differently under U.S. GAAP. These items include the reversal of certain provisions and allowances for doubtful accounts that would generally be recorded as reductions to the original expense line item under U.A. GAAP rather than income.

9. SAP AG

Überleitung von HGB auf US-GAAP anläßlich des Börsenganges in New York am 3. August 1998 (FAZ vom 3. August 1998)

Die Umrechnung von der deutschen Rechnungslegung nach den Vorschriften des Handelsgesetzbuches in die der amerikanischen GAAP hat den Umsatz von SAP im Jahr 1996 um 167 Millionen DM (4,5 Prozent) und 1997 um 77 Millionen DM (1,3 Prozent) gemindert. In der Bilanz vom 31. Dezember 1997 ergibt sich eine sogenannte passive Abgrenzung von Umsatzerlösen in Höhe von 575 Millionen DM. Hierbei handelt es sich um bereits getätigte Umsätze, die erst 1998 und später realisiert werden können. Der Jahresüberschuß fiel 1996 um 114 Millionen DM (20,1 Prozent) und im vergangenen Jahr um 49 Millionen DM (5,3 Prozent) geringer aus. Im Geschäftsjahr 1998 wird der Jahresüberschuß weiter nach HGB ermittelt. Die Überleitungsrechnung wird einen um 5 bis 6 Prozent geringeren Jahresüberschuß ergeben.

Nachwort zu den praktischen Beispielen für Unterschiede der Rechnungslegung nach IAS, US-GAAP und HGB

Bei den gezeigten 8 Überleitungen von Daimler-Benz AG, Hoechst AG und SAP AG waren die Ergebnisse nach HGB in 6 Fällen wesentlich höher als nach US-GAAP, und in 2 Fällen, nämlich Daimler-Benz AG 1994 und 1995, waren sie fast gleich hoch. In diesen beiden Fällen gab es jedoch bedeutende Unterschiede bei den einzelnen Posten.

Aus den gezeigten Überleitungen von Daimler-Benz AG, Hoechst AG und SAP AG ergibt sich, daß alle diejenigen, die zur Verteidigung der Rechnungslegung nach dem HGB in Lehrbüchern, Aufsätzen, Vorlesungen und Kursen behaupten, Ergebnisse nach US-GAAP und IAS wären gegenüber den Ergebnissen nach dem HGB unvorsichtig zu hoch ausgewiesen, entweder keine Ahnung von der Praxis der Bilanzierung nach dem HGB und keine Ahnung von den US-GAAP und den IAS haben oder wissentlich die Unwahrheit sagen.

Die Bilanzierung nach dem HGB und den sogenannten deutschen Grundsätzen ordnungsmäßiger Buchführung sollte deshalb in Deutschland bald verboten werden, um die Täuschung der Jahresabschlußleser unmöglich zu machen.